U0907810

好习惯伴一生

郑少华　主编

郑州大学出版社

图书在版编目(CIP)数据

好习惯伴一生 / 郑少华主编. — 郑州 : 郑州大学出版社, 2023.7 (2024.6 重印)

ISBN 978-7-5645-7967-8

Ⅰ. ①好… Ⅱ. ①郑… Ⅲ. 习惯性 - 能力培养 - 学前教育 - 教学参考资料 Ⅳ. ①G613.3

中国国家版本馆 CIP 数据核字(2023)第 128521 号

好习惯伴一生
HAOXIGUAN BAN YISHENG

策划编辑	张　昊	封面设计	苏永生
责任编辑	李丛聪	版式设计	苏永生
责任校对	樊建伟	责任监制	李瑞卿

出版发行	郑州大学出版社	地　　址	郑州市大学路 40 号(450052)
出 版 人	孙保营	网　　址	http://www.zzup.cn
经　　销	全国新华书店	发行电话	0371-66966070
印　　刷	永清县晔盛亚胶印有限公司		
开　　本	710 mm×1 010 mm　1 / 16		
印　　张	11.5	字　　数	218 千字
版　　次	2023 年 7 月第 1 版	印　　次	2024 年 6 月第 2 次印刷

书　　号	ISBN 978-7-5645-7967-8	定　　价	48.00 元

本书如有印装质量问题,请与本社联系调换。

编写委员会

顾　问　赵文欢

主　编　郑少华

副主编　耿　蕊

编　委　尹俊恒　王　洋　邱亚楠　顾　蕊　王欣培
马　健　刘　赛　刘　璐　马　荟　邹雅文
梁文硕　丛　嵘　王媛媛　张　月　洪　娜
臧思凡　邱　梦　刘　莎　彭丽娜　刘　畅(小)
张丹丹　刘　珺　朱小雪　巴美霁　郭文琦
王慧慧　王　京　王宇露　李相池　王思婷
张志伟　蒋振宇　梁希宇　杜晨希　刘　畅(大)
王榅荣　李　孟　刘　浩　高　宇　张惠茜
姚林春　王　静

序　一

教育是国之大计、党之大计。习近平总书记在2018年全国教育大会上发表重要讲话,强调“培养德智体美劳全面发展的社会主义建设者和接班人,加快推进教育现代化、建设教育强国、办好人民满意的教育”。儿童是祖国的未来,他们的发展是我们最关心、最关注的问题,瀛海一幼在郑园长的带领下,聚焦师幼身心发展规律、儿童学习需求逻辑,知识进化逻辑三个要素来构建一种生态式的课程群,并运用蜘蛛网示意图展示课程模块,将各个课程模块之间进行有机整合,建构清晰的课程体系,同时帮助教师在实施过程中做到心中有目标,更好地实施课程内容。

此书是课程体系中行美习惯课程内容的实践探究成果的梳理,瀛海一幼带领教师深入探究习惯的特点,掌握习惯在脑中形成的过程及养成习惯的步骤等,为培养幼儿良好的行为习惯奠定了理论基础,使教师在实施的过程中也能够做到“有理有据”。通过对行美习惯课程的学习与实践,教师也收获了自身的成长。教师的发展是学前教育高质量提升的基础和保障,瀛海一幼在实施课程过程中引导教师勤思考“何为教”“为何教”“怎样教”,带领教师一起学习、探究、反思、总结,通过不断的实践、总结才梳理出他们的实践成果,希望这个成果能够帮助更多的新教师快速适应自己的岗位,为园所的发展提供支持。

郑园长向我详细介绍了园所“致美生态课程”,这是一个有思想、有高度、有内涵的课程体系,它能够结合政策要求、园所现状、周边教育资源、教师的优势等方面进行全方位的思考，架构出现代的、符合儿童发展需求的、满足教师发展的课程内容，希望能够看到“致美生态课程”后续的探究与发展，期待瀛海一幼的发展越来越好！

苏　婧

序　二

《"十四五"学前教育发展提升行动计划》和《北京市学前教育质量提升行动计划》中提出要进一步落实立德树人根本任务,优化资源布局,推进科学保教,健全治理体系,提升办园质量,带动学前教育高质量发展。近两年瀛海镇学前教育快速发展,在实施《大兴区学前教育质量提升行动计划》中,瀛海镇进一步强化了政府的主体责任,以学前教育高质量发展为本阶段重点目标,采取多种方式支持瀛海镇域内园所发展。瀛海镇原属"南海子"一部分,在多年的文化积淀、经济发展、基础设施建设中逐渐形成了书画之乡、麋鹿之乡,拥有南海子公园、足球公园、地铁 8 号线等设施,这些为瀛海地区的教育提供了优质的镇域资源。

瀛海一幼作为瀛海镇的第一所幼儿园,结合瀛海镇深厚的文化底蕴、镇域特点、周边文化创设了"致美生态课程",打造了"挚美 · 致美 · 至美"园所文化。通过一体两翼三层六单元的方式完善课程体系,运用行美、神美、知美、雄美、华美、隽美实现致美生态课程体系,通过"真挚心灵、致美童年"文化建设,最终实现"做朴素而至美的教育",实现师生的终身发展。同时这是一支研究型团队,在课程开发过程中进行了深入探究,并在实践中总结出助力儿童更好发展的经验方法,对瀛海地区的学前教育发展起到了带头作用。

2022 年是新时代新征程中具有特殊重要意义的一年,党的二十大胜利召开，全面建设高质量教育体系进入新阶段。在新的一年，我们将坚定不移学习贯彻习近平新时代中国特色社会主义思想，切实提高政治站位，为瀛海镇学前教育高质量发展而努力！

赵文欢

目录

第一章　认识习惯

第一节　习惯是我的影子朋友

什么是习惯？当看到这个问题的时候有人可能会摸摸鼻子说:“习惯就是我们生活中常见的行为。”有人会摸摸下巴说:“习惯就是我们无意识支配的一些动作。”有人会摸摸耳朵说:“习惯是需要我们努力培养的行为。”如果是一名司机可能会这样回答:“习惯就是上车系上安全带,遇到红灯要踩刹车。”如果是一位消防员可能会这样回答:“习惯就是听到警铃立刻放下手中的一切,快速穿上警服及时出警。”如果是一名医生可能会这样回答:“习惯就是要及时消毒,确保病人的安全。”如果是一名幼儿教师可能会这样回答:“不论在何时何地听到哭声都会立刻寻找哭声的来源。”不同的职业人员对习惯有不同的想法。

我们经常能够听到老年人对年轻人说:“你要养成早睡早起的好习惯,这样能够保障你们的睡眠,对身体有好处。”而年轻人则认为,白天工作很忙,到了晚上才是属于自己的时间,我就是要好好享受属于我自己的时光。医生经常会对病人说:“你必须戒烟,这样能够让你精神抖擞、心情舒畅,有效提高免疫力的同时对呼吸系统、消化系统都有很大的益处。”但是病人会说:“医生,我就这么一个爱好了,况且都这么多年啦,改不了了。”

记得小时候看电影《三毛流浪记》时,有一个镜头对作者的饮食习惯有很大的影响。那是三毛被收养后的情景,影片中三毛脱掉流浪时穿的破衣衫,换上了衬衫,穿上笔挺的西服,打上精致的领结与一位胖太太在一起。这时太太端出一块美味的蛋糕,三毛从来没有看到过、吃到过这样美味的蛋糕,他目不转睛地盯着蛋糕,口水都要流下来了。太太一声令下,把三毛的目光吸引过来,她看着三毛批评道:“你现在是我家的少爷,所以你吃蛋糕的时候不能再像流浪的孩子一样狼吞虎咽,你要像我这样吃。”说着便端起一个小盘子用小叉子一小块一小块地将蛋糕送到口中,吃完后还说:“我们有教养的人吃东西的时候都要一小口一小口的,千万不要吧唧嘴,那样没礼貌,会让人看不起的!”看了这个片段后那位太太说的“吃东西的时候都要一小口一小口的,千万不要吧唧嘴”的话便印在我的脑海中。从此之后,我总是有意识地调整自己的进餐行为,也是一小口一小口地吃,而且咀嚼过程中刻意地闭上嘴巴,不让自己发出声音。经过一段时间的坚持,逐渐形成了我的进餐习惯,在长大后看到别人吃饭发出吧唧嘴的声音便很不舒服。在生活中有很多“契机”会对我们产生很大的影响,有时是一句话、一个动作,有时可能只是一个眼神都会改变我们的行为,如果我们坚持、不断重复这种行为,那么就会养成一个习惯。

有人会为自己养成一个好习惯而感到骄傲和自豪,并且在这个好习惯的帮助下实现自己的愿望;有的人从小养成良好的作息规律,坚持早睡早起,不论上学还是工作都能够适应早起的生活状态,而且能够有更丰富的时间安排自己的学习与工作。也有人因为一个坏习惯而影响自己的生活。有人尝试用不同的方式帮助自己养成一个好习惯,有人需要用各种方法甚至一生的时间改掉一个坏习惯。习惯的养成过程首先需要自己有意识,然后再经过不断地重复和坚持,逐渐形成习惯。

曾有人问一位诺贝尔奖获得者:“您在哪所学校学到了最重要的东西?”他回答:“在幼儿园,我学到了不是自己的东西不要拿、做错了事要道歉。从根本上说,这是我一生学到的最重要的东西。”所以我们要抓住3—6岁这个学龄前关键时期,培养幼儿良好的生活卫生、社会交往、学习探究等习惯,为他们今后的生活、工作打下基础。

一、习惯在我们生活中散步

我们回家后先用钥匙开门、换拖鞋、放下物品,然后再去洗手;有人休息时喜欢手捧图书阅读,有人休息时喜欢捧手机观看视频或玩游戏;有的小朋友吃饭时只挑自己喜欢的食物;有的小朋友必须让家长抱着或者要坐车才能出门;有的小朋友性格很好,谁都喜欢和他一起游戏。以上拿钥匙开门、换鞋、洗手、看书、看手机、挑食、不喜欢走路、能够与其他小朋友友好相处等行为都是我们生活中常见的习惯,那习惯是什么?让我们一起来看一看:习惯不是一般的行为,而是一种定型性行为。我国著名儿童心理学家朱智贤教授认为,习惯是人在一定情境下自动化地去进行某种动作的需要或倾向。《现代汉语词典》(第7版)中对“习惯”的解释是:“①常常接触某种新的情况而逐渐适应;②在长时期里逐渐养成的、一时不容易改变的行为、倾向或社会风尚。”

由此可见,习惯是我们生活中常见的行为,但是这种行为是需要不断地重复、坚持,从而不用在任何提示下自然表现出来的行为。有些习惯因为需要每天重复进行,所以会陪伴我们一生。例如坚持每天刷牙洗脸;我们每天回到家后都会换鞋、洗手;在生活中我们会定期修剪指甲、洗澡、修理头发等,这些习惯会陪伴我们一生。但是有些习惯在后期的生活中因为环境或其他一些因素会进行调整(例如:我从小就不喜欢吃柿子椒,饭桌上向来都是一口不动,有一年去我二姨家过暑假,二姨家院子里种了很多柿子椒,每顿饭中都有柿子椒的身影,经过了暑假这段时间的影响,我改掉了不爱吃柿子椒的习惯;有些习惯是在一些原因的影响下进行了调整或改变)。宴婴有言:"和氏之璧,井里璞耳;良工修之,则成国宝。"每个小朋友都像一块璞玉,但是需要能工巧匠的精雕细琢;每个小朋友都像一张白纸,但是需要"画家"的精心描绘;每个小朋友都像一棵幼苗,但是需要"园丁"悉心呵护。基础教育最重要的内容就是培养幼儿养成良好的行为习惯,为他们今后的生活乃至工作奠定良好的基础。孩子们需要什么样的习惯,我们怎样培养幼儿良好的习惯,在本书中将与大家进行分享。

(一)良好的日常生活卫生习惯是我们健康生活的基础

幼儿健康目标之一是生活卫生习惯良好,有基本的生活自理能力。要求老师与家长配合根据幼儿的需要建立科学的生活规律,培养幼儿良好的饮食、睡眠、盥洗、排泄等生活习惯和自理能力。良好的日常生活卫生习惯对幼儿的健康成长是非常重要的。

孔子说:"少若成天性,习惯如自然。"良好的卫生习惯关系到每个人的身体健康,甚至关系到一个国家的公共卫生状况。饭前便后运用"七步洗手法"洗手能够有效去除手部细菌;养成早晚刷牙的习惯有助于保持口腔清洁;不随地吐痰能够减少空气中的细菌数量,这些与健康有关的行为称为卫生习惯。幼儿从小养成良好的生活卫生习惯是维护和促进健康的积极方式和重要途径,良好的生活与卫生习惯一旦养成,将会对成年后的行为与习惯产生一定的积极影响。为了培养幼儿良好的卫生习惯,我们要充分发挥一日生活各环节的教育作用,开展多种形式的教学活动或游戏内容,帮助幼儿养成良好的卫生习惯。

为了帮助幼儿养成良好的盥洗习惯,每天保育教师提前将水杯、毛巾整理好摆放在幼儿方便取放的位置,待幼儿来园后提示幼儿及时将小毛巾、小水杯放进自己的格子中,毛巾、水杯坚持做到专人专用,每日清洗、消毒,有效保障幼儿的健康;为了帮助幼儿养成良好的盥洗习惯,班中创设"小小值日生"的角色,鼓励小朋友们争当"小小值日生",由"小值日生"观察小朋友盥洗的状态、检查盥洗的效果,用同伴影响的作用帮助幼儿掌握正确盥洗的行为,养成良好的盥洗习惯。

《3—6 岁儿童学习与发展指南》中提出:3—4 岁幼儿能将玩具和图书放

回原处,4—5 岁幼儿能整理自己的物品,5—6 岁幼儿能按类别整理好自己的物品。良好的整理习惯对学龄儿童有很大的影响,升入小学后,孩子们需要自己整理书包,不仅要将书包中的物品进行分类摆放,准确地找到所需物品,而且还要有意识保护自己的文具和书本等物品。据统计,幼小衔接表现最为突出的问题是儿童整理物品的能力不足。上课找不到课本、忘记带书和笔袋、上课的工具材料不齐、书本损坏等现象是小学低年龄段存在的比较突出的问题。良好的整理习惯不仅能够帮助幼儿更快地适应小学生活,而且能够提高幼儿的责任感和自信心,增强幼儿的任务意识。为了帮助幼儿养成良好的整理习惯,我们运用图示的方式将整理物品的流程在环境中进行展示,引导幼儿按照流程图整理物品;同时为幼儿提供了方便的收纳工具,使幼儿体验到收纳整理的乐趣;鼓励幼儿在游戏中体验、在轻松氛围中养成良好的习惯。

《义务教育劳动课程标准(2022 年版)》中指出,将劳动、信息科技从综合实践活动课程中完全独立出来,要有目的、有计划地组织学生参加日常生活劳动、生产劳动和服务性劳动,让学生动手实践、出力流汗,接受锻炼、磨炼意志,培养学生正确的劳动价值观和良好的劳动品质。在之前的新闻中不乏"高分低能""带着妈妈上学"的报道,这些都是因为从小缺少劳动教育,对身边人产生了强烈的依赖心理。作为一名教育者,我们要培养德、智、体、美、劳全面发展的人,所以在日常生活中我们要注重培养幼儿主动劳动的习惯。在园中我们要鼓励幼儿担当值日生,进行擦桌子、摆椅子、分餐、收拾毛巾、水杯、督促小朋友按要求做事情、检查玩具摆放等内容,满足学前儿童自我服务和为他人服务的意识和需求。为了满足幼儿参与班级劳动的愿望,我们还创设了晨间劳动和自由劳动的时间,鼓励幼儿积极参与劳动,体验劳动的快乐。

饮食习惯也是我们重点培养的内容之一。幼儿的饮食习惯并不是与生俱来的,而是在不同的环境中逐渐形成的。小时候长辈就告诉我们要认真练习使用筷子,这是我们中国人智慧的体现,一名中国人一定要用好筷子。在这样的环境下,我们从中班就开始练习使用筷子,长大后每个人都能够熟练使用筷子。在幼儿园中,我们可以培养幼儿哪些良好的饮食习惯?餐前进行安静游戏能够帮助幼儿稳定情绪,调节身体状况,为正常进餐提供支持。我们在餐前开展讲故事、说儿歌、新闻播报、才艺展示、菜谱介绍等活动,既能够锻炼幼儿各方面能力的发展,同时又稳定了幼儿情绪,为进餐调节身体状况。按时进餐能够帮助我们养成良好的作息规律,定时定量地进餐是幼儿身体健康的基础。不挑食、不剩饭能够保证幼儿营养均衡,满足幼儿身体所需,养成节约意识。在进餐过程中,我们还要随时关注幼儿使用勺子、筷子的正确方法,锻炼幼儿小肌肉的发展。进餐后要培养幼儿自己整理习惯,餐后自己收拾桌子、地面,并将餐具统一摆放到指定位置,通过一系列的活动培养幼儿自我服务的意识。进餐环节的习惯培养不仅关注幼儿身体健康,同时还培养幼儿动手能力、自我服务的意识,对他们终生发展奠定基础。

(二)适宜的社会交往习惯如影随行陪伴着我们

交往习惯对人们的生活有着很重要的影响。一位善于倾听的人会有很多朋友,因为他懂得尊重别人,能够耐心等待,大家都愿意与他分享自己的喜怒哀乐;一位善于沟通的人能够拥有更多成功的机会,因为他乐于思考、懂得协商、愿意倾听他人想法,在大家智慧碰撞的过程中,提高了成功的概率。我们鼓励幼儿在生活中掌握交往的技巧,尝试关注同伴的情绪,关心、尊重他人,学会与他人进行分享、交流,能够认真倾听他人讲话,体会与同伴合作的乐趣,通过不断的引导、重复,培养幼儿拥有良好的社会交往习惯,为今后的学习和生活提供支持与帮助。幼儿在来园之前,由于知识经验和认知能力有限,对周围事物进行抽象逻辑判断和推理能力不足,尤其在道德判断方面,幼儿的道德判断能力带有很大的具体性、情绪性和受暗示性。在语言表达方面,随着词汇量逐步增加,能够与他人熟练地进行沟通,但是在情绪表达方面仍需要进一步引导。所以在日常活动中我们要引导幼儿从做好小事、管好细节开始起步,踏踏实实修好品德,学会感恩、学会助人、学会谦让、学会宽容、学会自省、学会自律。

在日常活动中,我们首先要培养幼儿热爱祖国、热爱家乡的感情,以自己是中国人而感到骄傲。有数据统计,中国留学人才在2001年返回祖国参与祖国建设的人员比例是14.2%,2002年返回祖国的人员比例是14.4%,到2018年达到了78.4%。数据的变化不仅是中国的发展能够满足游子们的需求,更多的是他们拥有深厚的爱国情怀,他们想的是如何用满腹经纶报效国家。我们要从小培养孩子们的爱国情感,引导幼儿认识国旗、国徽,知道国旗、国徽、国歌是祖国的象征,并有爱护国旗、国徽的行为表现。我们通过讲传统故事、观看视频、组织幼儿参观纪念馆等形式,引导幼儿初步了解祖国的历史,感受到祖国发展需要我们共同努力。在日常生活中,引导幼儿知道自己是中国人,并为自己是中国人感到骄傲和自豪!同时对中国的文化、传统节日感兴趣。培养幼儿养成良好的环保、遵守规则的习惯,这也是社会交往行为中重要的内容。养成良好的习惯要从小事做起,例如在班中投放分类垃圾桶,提示幼儿将垃圾进行分类投放,看到地上的垃圾要及时捡起来后投入分类垃圾桶中。有的小朋友与家长一起参与社区的环保活动,他们用自己的方式为保护我们美好的家园而努力。在日常的生活中,学会关心、体贴他人，轻声说话不打扰别人休息；热爱自己的家乡，从保护我们美丽的家园做起；培养垃圾分类、不毁坏花草树木、能够主动遵守活动、游戏及交通规则等行为习惯。在与他人交往过程中，能够传承中国的文化，做到礼貌待人、右行礼让、乐于与别人沟通、主动帮助他人并感受帮助他人的快乐。

（三）良好的学习探究习惯帮助我们成就更好的自己

俗话说：活到老，学到老。人的一生都在学习，有些学习是主动的、显性的，有一些学习则是被动的、隐性的。但并不是被动学习的效果要低于主动学习，只要把握住学习的契机，即使是被动的、隐性的学习，也会收到意想不到的效果，所以培养良好的学习习惯，即使在无意状态下也能有所收获。良好的学习习惯能够为人的终生学习奠定良好的基础。韦莉校长在给同学回信中提出：好习惯，好人生。从小养成好的习惯是非常重要的！听讲习惯、书写习惯、质疑习惯、自学习惯、制订学习计划的习惯、错题本的习惯等，好的习惯会让自己的学习效率更高。

学习是一个输入和输出的过程。注意倾听他人意见，准确表达自己的想法也是学习的重要途径之一。有时候总能听小学老师抱怨：“一年级的小朋友不会听讲，总是在课堂上随便回答问题；有的小朋友是表达事情时描述不清，老师听半天都不知道他在说什么。”培养幼儿良好的倾听、表达习惯也是幼儿园重点的内容。我们可以进行各种语言活动，例如儿歌、故事、绕口令等锻炼幼儿的口语表达能力，与幼儿一起玩有关倾听、表达的小游戏。例如传话游戏、词语接龙游戏等，在快乐的游戏中发展幼儿的倾听和表达能力。只有在学龄前培养幼儿良好的倾听、表达习惯，在入学后才能更快地适应小学的生活，为今后的学习奠定基础。

养成良好的阅读习惯，能够增长自身的见识、开拓自己的思维、提高自身的修养。北宋诗人欧阳修提出：“立身以立学为先，立学以读书为本。”良好的阅读习惯能够很好地实现“以读书为本”。在2022年4月23日世界读书日，习近平总书记提出：“希望广大党员、干部带头读书学习，修身养志，增长才干；希望孩子们养成阅读习惯，快乐阅读，健康成长；希望全社会都参与到阅读中来，形成爱读书、读好书、善读书的浓厚氛围。”习近平总书记用语言和行动鼓励大家养成阅读的好习惯，我们通过营造良好的读书氛围带动身边人加入阅读中来，共同感受阅读的乐趣。

养成良好的书写习惯能够有效提高学生的学习效率。很多家长因为没有正确认识幼小衔接需要衔接的是什么，而是被“小学学习的速度快”的语言所干扰，导致很多家长都只关心孩子学会什么知识，会写多少字，会做多少数学题而忽略了孩子学习习惯的培养。朋友跟我分享他家孩子刚上一年级时，老师一直在向他宣传书写习惯的重要性，多次提醒要关注孩子的卷面是否干净、整齐,但是因为没有经验,而且观念还停留在知识是最重要的阶段,所以他只关注孩子是否学会了,而没有关注他写得好不好。随着年级的升高,他发现了孩子书写方面存在很严重的问题:因为数字书写不规范,题目明明是“5”,下面抄来的竟是“3”;因为卷面不整洁,竟然出现两道题写得混在一起的现象;因为写字不认真,常常出现字只写一半的情况。例如“的”字只写了左边的“白”,右边的“勺”竟然忘记写了;因为小时候没有养成良好的书写习惯,导致后面的学习出现了很多阻碍,要改掉这个不好的习惯需要更长的时间进行调整。

二、习惯在我们大脑中奔跑

(一)神经元

我们都知道脑是由大量的神经元和神经胶质细胞组成的。脑的活动主要源于神经元的活动。人的感觉器官接收到的刺激激活感觉神经元,运动神经元刺激相关肌肉引发身体动作。在感觉神经元与运动神经元之间,还有很大比例的中间神经元与之枕叶负责枕叶的信相连,形成庞大的神经网络。除了神经元,脑还包含胶质细胞,负责调节神经元之间化学物质的交换,对神经元之间的联结形成的方式起着重要作用。在脑中,胶质左侧颞I细胞的数量大概是神经元细胞的10倍。一个神经元细胞由树突、细胞体、轴突三部分组成。树突由其他神经元处接此区域又收到信息,轴突则向其他神经元传递信息。轴突是一条从细胞体延伸出去的长轴,顶叶还通常被髓磷脂这种绝缘的物质包裹着。神经元之间的连接处叫突触,突触间的叶对语;缝隙叫突触间隙。在轴突的末端会有突触小结,神经元接收到的信息通过突触小结释放特殊的神经递质来影响其他神经元。神经递质穿过突触间隙,从一个神经元的轴突进入另一个神经元的树突。传出信号的神经元叫作突触前神经元,接收信号的神经元叫作突触后神经元。每个突触后神经元的树突上都会有大量的突触前神经元的轴突与之连接。神经递质作用的大小取决于接收端对信息的处理,基于接收端性质的不同,同样的神经递质可能产生不同的作用。如果到达一个神经元的刺激性输入较强,那么这个神经元就会产生电冲动,电流会通过突触前神经元的轴突传输给突触后神经元的树突。此时,髓鞘化轴突比非髓鞘化轴突传输速度快100倍。如果到达一个神经元的刺激性输入小于抑制性输入,那么这个神经元的电冲动就会减弱甚至消亡。总之,科学家们认为这种现象决定了脑内学习和记忆的结构编码过程。

(二)脑工作机制

脑是心理活动的发源地。大脑的表层,最上面有三层膜被称为“脑膜”。

将脑膜拨开会看到紧挨着大脑皮层有丰富的血管网络。大脑皮层包含了大部分的神经元细胞体,因为是灰色的,所以其被称为“灰质”。这些细胞层的厚度一般为2~4毫米,被称为“大脑皮质”。大脑皮质上布满了很多的褶皱,这是为了适应颅骨的大小。而每个隆起的部分被称为“脑回”,每个下陷的部分被称为“脑沟”,不同的脑回和脑沟有各自的名称。研究发现,很多脑回已被确定在特定的心理活动中发挥作用。在脑皮层中含有绝大部分神经元,主要负责高级功能。

脑的内部充满了白色纤维,这种纤维被称为“白质”,连接神经元。再往深处,会有含灰质的皮质下组织,在脑的中心部位有互相连接的空腔被称为“脑室”,里面充满了与脊髓内部流动着的相同的液体。脑并不是一个单一的实体,它是通过各个部分组合而成,不论是结构还是功能方面,都有千丝万缕的联系。

人的大脑分为左半球和右半球。每个半球由枕叶(脑后部)、颞叶(太阳穴的正下方)、顶叶(脑的背侧后部)、额叶(脑前部、额头后面)四个主要部分组成。枕叶负责输入的视觉、颜色、动作加工。颞叶有保存视觉记忆的功能。它负责接收枕叶的信息,进行视觉输入和视觉记忆的匹配;同时它也加工来自听觉的信息输入。顶叶参与感觉、表征空间、人与空间的关系加工,顶叶还参与数学思维,对意识和注意也很重要。额叶参与管理序列、动作功能,还参与了在记忆中搜索特定信息、计划和推理,将信息短暂地存储在记忆中供推理使用。海马位于颞叶的前部,嵌在颞叶内侧。海马的内部结构能够与其他部分进行连接传输新信息,在学习的过程中海马起着重要的作用。杏仁核的位置紧靠海马,可以调节海马的功能,能够帮助自身存储带有高度情绪化信息的生动记忆。

(三)习惯在脑中形成

一生中,脑会根据学习经验发生显著变化,脑适应环境要求的能力成为可塑性。脑的物理结构的改变是通过强化、减弱和消除原有的神经连结,产生新的神经连结实现的,学习时间越长,结构改变越显著。在日常生活中,我们想要形成一个习惯,第一次进行这个行为时,一个神经元的刺激输入较强,这个神经元产生电冲动,电流也通过突触前神经元的轴突传输给突触后神经元的树突,这时连接回路的神经系统表现最为活跃,同时也涉及基底神经节中的尾状核、中脑以及前额皮层。这个行为不断重复的过程中大脑随之也发生了变化,大脑感觉运动回路的神经激活增强。它将基底神经节的另一个部分壳核与感觉运动皮质和中脑的部分区域相连,形成了感觉运动网络。这个行为将会改变大脑神经回路的连接,表面看,只是重复地做着同一件事,实际上,大脑在调用不同的神经网络。而这种重连可以更容易地重复过去的行为，基底神经节便不用其他区域驱使，而是自主地完成这个动作，当然有意识的决策也会随之减少，这时便基本形成了这个习惯。当我们想要改掉一个习惯时，每次都要通过前额皮层抑制这个行为，给这条神经元输入信息逐步减弱，而新的行为产生，新的神经连结开始，脑的物理结构逐步进行改变。从技术角度讲，当人们开始一项学习任务时，大脑各区域参与决策和执行控制的区域（前额叶和海马区）会表现出明显的活动，随着行为的重复，其他神经区域（基底神经节的壳核）的大脑活动增加，就是说大脑新的区域参与了重复动作。我们似乎有多种利用神经系统的方法，一种用来做初步决策，一种用来坚持。

基底神经节对日常生活非常重要，它使我们可以计划行动和形成习惯，在习惯形成的过程中起着尤为重要的作用。基底神经节会识别重复模式，直到接收到不同的指令，它是比较顽固的部分。前额皮层和大脑其他部分区别的方式是前额皮层以外的其他所有部分决定“是什么”，而前额皮层主要决定“可能有什么”。例如我们要将一篇手写文章整理成为电子版，如果是刚刚接触电脑的人，不熟悉电脑键盘上字母的排序，那么他需要在键盘上对字母进行逐个寻找，然后再一一确定需要的文字，这个过程需要耗费较大的精力；当我们掌握了电脑键盘的使用技巧，并通过练习熟练地掌握键盘中字母的位置，基底神经节已经能够记住这些字母的位置，以及运用哪根手指进行操作，这一系列的动作使我们打字的行为成为一种自动行为，这时将手写文字整理成为一篇电子文章就不需要耗费太多的精力。

儿童期大脑发展迅速，7 岁时基本接近成人的脑重，大脑皮层结构也日趋复杂化。神经纤维的髓鞘化逐渐完成，使得神经兴奋的传导更加精确迅速；5—6 岁时儿童脑电波的发展出现一个明显的加速时期，内抑制开始蓬勃发展起来，皮质对皮下的控制和调节作用逐渐增强。就是说，此时儿童的脑发展已经达到一定程度，为其进行习惯培养提供了很好的基础。所以在幼儿园阶段，我们要结合儿童的发展特点，进行针对性的引导，从而帮助幼儿养成良好的生活习惯。

三、习惯在我们身边驻足

我国现代著名教育家陶行知说过：“千教万教，教人求真；千学万学，学做真人。”我们要帮助幼儿养成良好的生活行为习惯，为他们今后的生活、学习、工作奠定基础。好习惯是加速器，坏习惯是枷锁。习惯支配人生，成也习惯，败也习惯，习惯在我们身边驻足，习惯陪伴我们左右。进餐前先去洗手，进餐后及时收拾桌面；驾驶前先系上安全带，下车后随手锁车；上班后先打开电脑，下班前先关闭电源。大多数习惯都是后天培养出来的，因为工作需要我们养成了早睡早起的习惯;因为环境的变化我们养成了锻炼身体的好习惯。生活中有好习惯的陪伴:受到别人帮助时,立刻用“谢谢”表达自己的感谢;当工作没有完成时,主动加班也要把工作做完;当遇到红灯时,立刻停下脚步等待指示灯的变化;当闹钟响起时,准时起床;也有一些想改变但是不容易改变的“坏”习惯,想减肥时,常常是不自觉地拿起垃圾食品;思考时,不由自主地点起香烟。不论是生活中的好习惯还是“坏”习惯,不论是我们想要养成的习惯还是想要改变的习惯,它一直都在我们身边,陪伴着我们。我们怎样养成好习惯? 怎样才能让习惯在我们的生活中驻足? 想要让好习惯在我们身边驻足,需要环境的支持,他人的肯定和鼓励,还需要我们自身的认知与坚持。

(一)认知是形成习惯的内驱力

习惯有别于技能或能力,它们是不同的概念,习惯需要通过改变认知—改变行为—发现效果—持续养成,最后才能形成习惯。习惯培养关键从认知做出改变,也就是助力内生态环境的生长与调整。例如在幼儿园,想让孩子们养成“七步洗手法”的习惯是需要一系列的过程与指导的。教师在指导的过程中发现幼儿没有运用“七步洗手法”认真洗手的现象,这时“七步洗手法”对于幼儿来说就是一项简单的技能。想要将运用“七步洗手法”洗手成为幼儿的生活习惯,就要让孩子们从自身认知发生调整,了解为什么要用“七步洗手法”洗手。教师可以通过一系列的活动帮助幼儿了解运用“七步洗手法”洗手的重要性。首先,我们需要从幼儿的认知进行改变,认识到“七步洗手法”洗手的重要性,从而帮助幼儿主动改变行为。例如通过观察引导幼儿发现手上有很多小细菌,有的小细菌在胖胖的手指肚上,有的小细菌在粗粗的大拇指上,有的小细菌藏在我们的手指甲里,还有的小细菌跑到了手腕上。我们的肥皂泡泡能够把小细菌杀死或者带走,所以我们要让肥皂泡泡停留在手心、手背、手指缝、大拇指、手指甲和小手腕上,这样我们的小手才能更干净;然后可以邀请保健老师或医生家长从专业的角度为小朋友们讲述运用“七步洗手法”洗手能够有效保持手部卫生;也可以阅读有关洗手的绘本,运用图片直观地了解细菌的危害;通过各种活动认识到“七步洗手法”洗手的重要性,从根本改变孩子对洗手环节的认知,让幼儿自身意识到洗手的重要性,为逐步养成“七步洗手法”洗手的习惯提供必要的支持。

自身认知的改变不仅能够帮助孩子养成良好的生活卫生习惯,对成人也有同样的效果。我有一个朋友由于各种原因,他缺乏锻炼也适应了每日坐在办公室忙碌的时光,每次约他出去散步或者运动都是被各种理由拒绝,他的身材也随之发生了较大的变化,体重一度超出了他的预期,但是这都没有引起他的重视。过了一段时间,我再见到他时有了明显的变化,身材不像之前那样臃肿，精神状况也有了很大的变化，最重要的是见面时手中还拿着跳绳，我很诧异地问他怎么会有这么大的变化，而且从何时开始进行运动的？他不好意思地笑了，向我分享这段时间发生的事情：之前他也曾想要进行锻炼或者是简单的运动，但是每当想要运动时，意识到运动需要提前准备好场地、运动服装、合适的器械，运动后还要收拾、洗澡，运动一共需要 30 分钟，前后收拾需要 2 小时，太麻烦了，所以还没开始运动就被自己的想法折服，还是放弃运动享受休息的时光。但是一天在楼下碰到之前的同事，看他拿着跳绳刚运动回来，同事现在的状态好了很多，整个人看着都很轻盈、活力充沛，忙问是怎样调整到现在的状态。同事分享自己运动方法，就是每天坚持跳绳 30 分钟，在 30 分钟之内跳绳的数量可以根据自身的情况决定，或者也可以定量，每天固定跳 2000 个跳绳，这样不会占用太长时间，而且跳绳对场地没有固定要求，也在身体的适应范围内，所以跳绳是一项"简单"的运动。朋友了解后，也逐步开始进行跳绳活动，到目前为止已经坚持 3 个月的时间。跳绳活动是随时随地都可以进行的运动，对场地和器械没有严格的要求，这一点对于我朋友之前原有认知——运动"太麻烦"的想法进行了有效的解决；看到之前的同事状态的变化使他对跳绳效果有了直观的认知，这两方面的认知改变有效促进他养成坚持跳绳的习惯。

（二）重复是形成习惯的必要途径

习惯的形成不是一蹴而就，而是需要不断地循环反复，呈螺旋上升趋势，尤其是针对 3—6 岁学前儿童，他们以无意记忆为主，有意记忆刚刚开始萌芽，我们要想培养幼儿良好的习惯，需要不断地重复，帮助幼儿识别习惯的内容、明确习惯的要求，为幼儿养成良好习惯提供必要的途径。

在培养幼儿良好的自理能力过程中，通过教师不断地重复相关的内容和要求，及时指导相关的行为，幼儿在重复过程中，才能够养成良好的习惯。在叠衣服的环节，教师会通过儿歌、视频、示范动作等形式帮助幼儿掌握叠衣服的方法，但是几次的指导不能够帮助幼儿形成叠衣服的行为习惯。教师在叠衣服的环节不断地重复叠衣服的儿歌，及时指导幼儿叠衣服的方法，有时针对不同能力的幼儿还要采取不同的方法。例如有的小朋友没有掌握叠袖子的技巧，有的小朋友没有掌握叠裤子的方法，教师就要针对不同的幼儿重复不同的内容和要求。经过一段时间的指导，孩子们对叠衣服的行为养成习惯，此时教师仍需要进行观察，帮助幼儿巩固叠衣服的行为习惯。

在生活中还有很多坚持重复而获得的成功案例，例如音乐、书法、体育等都是经过反复练习，他们将行为变成了习惯和技巧，他们用音符抒发情感、用字体展现风采、用身体挥洒热情。

(三)环境是形成习惯的有力保障

经过研究,环境对习惯养成的过程有很大的影响。例如身边的一位同事永远保持良好的坐姿、站姿,走路时稳重中透着优雅,遇事从不慌张,总是能够从容应对,经过询问才了解到她从小就受父母的熏陶,遇到什么问题都能够沉着冷静地应对。孩子在不同的环境中成长起来会有不同的性格和行为习惯:如果一个孩子从懂事起听到最多的声音是:"你怎么这么笨,你是一个笨孩子,你什么都做不好!"这种信息不断地灌输到孩子的意识中,他就会很自然地认为我就是个笨孩子,什么事情都做不好,我失败了这是正常的,所以不论在学习中还是生活中,会出现不认真做事、拖沓的习惯,他也不会付出更多的努力去尝试成功,因为这个"笨孩子"的形象已经深深地烙印在他的大脑之中。我们看过很多案例,教师针对这种"自我放弃"的学生需要付出更多的关注与引导,帮助他们养成良好的习惯,但是效果甚微;反之,如果孩子一直在"你很棒!""你是个好孩子"的声音中长大,他便会养成做事认真、积极努力完成各项任务的好习惯,成人的评价、口头禅或者是不经意的一句话会对孩子的发展方向有一定的影响作用。在宽容中长大的孩子学会了忍让、在赞美中长大的孩子学会了欣赏,在公正中长大的孩子学会了信任。

瀛海一幼在进行艺体课程的探究过程中,各班教师组织幼儿积极进行体能方面的锻炼。每次自由游戏时教师都会选择跳绳活动,运动能力强的小朋友也跟在老师身边进行练习。开始时,不喜欢运动的小朋友只是选择其他的手头玩具进行游戏,但是在老师的鼓励和引导下,他们也用不同的方式参与到跳绳中,例如双人跳绳、跳长绳、跑跳绳等,渐渐地全园老师与小朋友们都被吸引,大家都积极参与跳绳活动,经过一段时间的练习,孩子们的体能增强了,身体灵活性也提高了,小朋友之间还开始探索新的玩法。我们在进行"酷宝炫舞台"时还为家长展示了孩子们探究的过程,在"致美生态课程"的影响下,孩子们养成了锻炼身体的好习惯,这个习惯强健体魄的同时增强了孩子们的社会交往能力。可见大的环境对习惯的培养有一定的影响作用。

习惯就像影子一样伴随在我们左右,只要形成良好的习惯我们就会获得更大的力量。每天坚持运动,匀称的身材、强健的体魄随之而来;每天坚持看书,知识的更新、思想的转变收获满满。一个小小的习惯如果能长时间坚持就会改变我们的生活甚至改变我们的人生。

第二节　习惯是我的财富

一、习惯具有巨大力量

习惯的力量首先在于它能在潜移默化中决定我们的日常行为，它是已经内化于我们头脑中的秩序，在生活中它将会变成强大的执行力和推动力，极大地改变我们的生活。有的人认为养成好的习惯十分困难，因此主动选择放弃培养习惯，殊不知，好的习惯一旦养成，生活便会“省力”不少。弗朗西斯·培根说：“习惯是一种顽强而巨大的力量，它可以主宰人生。”初闻此言，难免令人觉得是“危言耸听”，但只要你仔细观察我们每天的日常生活起居，你就会发现“习惯”组成了我们生活的基本架构。几点起床？是否吃早餐？如何开始一天的生活？大多时候，都是习惯使然。因此，拥有好的习惯就等于拥有了好的行为模式，而好的行为模式会让我们的生活变得更加简单。好的习惯能够化繁为简，甚至在一种无意识的状态下就将事情完成了。这也是为什么我们在生活中常常会看到这样的现象：优秀的人往往会变得更加优秀。习惯看似无形，但却又切实影响着我们生活的点滴，塑造着我们的人生。

行动是形成习惯的前提，习惯是铸造品格的基础，品格是决定命运的根本。因为好习惯犹如人在神经系统中存放的资本，这个资本会不断地增长，一个人毕生都可以享用它的利息。习惯更如同我们穿衣服时的“第一粒”扣子，如果从一开始这扣子就扣错了，那么后面便很难将其矫正，这件衣服也很难再穿好了。由此我们可以得知，良好的习惯几乎是一个人在学习、生活中成功的第一步，也是关键一步。而坏习惯则会带来不良后果，坏习惯会产生连锁反应，像多米诺骨牌一样滋生出下一个坏习惯，这一恶性循环会打乱生活节奏。公司招聘会上，面试没开始的时候，面试者先走进会议室等候，其间等了一会儿后，就开始翻动会议室的桌子，不一会儿公司负责面试的经理进来宣布面试者没有通过面试。而在另一个面试现场，等候者在会议室的地面上捡起地上的纸团，打开以后却看到“你被录取了”的字样。同样的面试等候，“翻抽屉”和“捡纸团”不同的人生习惯，成就了不同的面试结果。因为习惯是在生活中养成的，不经意的动作，可以看出品德修养和人生态度。

儿时养出的好习惯，会深深地刻在骨子中。英国“铁娘子”撒切尔夫人，年少时的她，就被父亲要求力争第一，做任何事情都必须勇往直前。也正是因万事力争第一的想法，撒切尔夫人才成了英国第一位女首相。她曾说过一段十分经典的话："注意你的思想，因为它将变成言辞；注意你的言辞，因为它将变成行动；注意你的行动，因为它将变成习惯；注意你的习惯，因为它将变成性格；注意你的性格，因为它将决定你的命运。""种瓜得瓜，种豆得豆"，人这一辈子，种下什么样的习惯，便会享受什么样的人生。习惯的影响是延续终身的，幼年时期养成的良好习惯将成为你终身的财富，在人生路上助你一臂之力。例如，好的生活习惯会给予你高效的生活秩序，从睡眠、饮食、健康、外在环境等多个维度协力让你的生活变得高质量。数据表明，具有良好生活习惯的人会比普通人拥有更高的生活满意度和幸福感。能够坚持早睡早起的人，白天思维更清晰；坚持锻炼的人，多巴胺分泌更多，更容易感觉快乐；均衡合理的饮食，有助于时刻保持身材。最重要的是反映在这些良好生活习惯背后的是"自律"，拥有自律的人，必定在多方面比他人做得更好。因此，生活习惯不只是生活上的细枝末节，它远比我们想象得重要，在暗处给予着我们意想不到的影响。

（一）习惯的短期意义和长期意义

1. 习惯具有多重影响和意义

人们或许都不得不承认，习惯具有巨大的力量，我们的日常生活、学习、工作都在这种力量的控制之下得以有序进行。但同时，人们又可能会忽略"习惯"身上携带的多重力量和意义。习惯难道只是反映我们做某件事情的日常倾向吗？习惯仅仅是意识不自觉的某种流露吗？如果对习惯的认识仅仅停留于此，只能说是仅仅触及了事情的表面，却也不能解释如此多的思想家、教育家对于习惯的重视和推崇。事实上，习惯的存在是更加隐蔽和深层的，它的作用不仅是帮助习惯持有者顺利完成日常生活秩序，更是融入他的性情、人格之中，成为他观看世界的角度，同时也变成了有心人了解他的重要途径。我们如何看待这个世界，我们如何看待他人，我们的修养和家教，这些无一不会从我们的小小习惯中流露出来。因此，习惯隐含丰富的信息，好的习惯意味着其背后站着一个成长完善、品行良好的人。

一个人逐渐成长的过程，实际上是一个习惯的世界搭建的过程。带着初生的喜悦和初见的惊奇，孩子对于世界的一切都十分好奇和渴望接近，他们还没有形成对待事物的固有的思维和行为模式。在与"新世界"的几番交战之后，孩子会循着经验，初步对世界形成看法。但我们会发现，不同的孩子对同样的事物、场景会有不同的反应，这与孩子不同的天性相关，最后他们的认识会从不同的习惯表现出来。同样，我们便可以从他们不曾受到干预的自然习惯中看出他们的性格特征。"细节见人品"，这里的细节指的就是人下意识不自觉流露出的小习惯。不光孩子是如此，即使是成年人，一个相当成熟的人身上,他的一举一动也都是“习惯”的表现,这是难以隐藏的。世界上每个人都受着其成长中养成习惯的制约,同时也接受着习惯深长而悠远的影响。

从当下、现实的角度来看,一个好的习惯的养成能给人带来生活上巨大的变化。比如你改掉了现代年轻人的通病,晚上睡不着、早上醒不来。仅仅单从睡眠这件小事出发,你就会发现你获得了不少的正向力量:好的睡眠习惯让你精力充沛,工作效率翻倍;好的作息让你心情愉悦,你发现你的生活比往日的更美好。习惯是一种长期形成的思维方式、处世态度,习惯是由一再重复的思想行为形成的,习惯具有很强的惯性,像转动的车轮一样。人们往往会不由自主地启用自己的习惯,不论是好习惯还是不好的习惯,都是如此。可见习惯的力量——不经意会影响人的一生。幼儿时期养成的良好习惯是人一生的财富,是人取得成功的重要软实力。

2. 习惯的短期意义

一个良好的习惯能给我们的生活带来什么改变?习惯实际上是藏匿在我们生命当中的无数细节,它支配着你生命中许多的无意识行为。习惯的短期意义可以说是立竿见影,并在未来的一段时间连带一定的持续效果。

我们来想一想:你早上起来做的第一件事是什么?你是先洗脸还是先刷牙?你走哪条路上班?你到办公室时,是先看邮件,还是先和同事聊天,又或者直接写备忘录?去餐厅第一个会点什么菜?多久运动一次?你经常和家人和孩子聊什么?晚上你如何入睡?[①] 这无数个选择看似微不足道,但却组成了我们平凡的每天,而不同的选择对日常生活也有着不同的影响。因此,当有人问:习惯究竟有什么作用?我会毫不犹豫地回答:习惯组成了我们的生活,习惯改变了我们的生命。那么,就习惯的短期意义来说:从晚睡到早睡,你能享受比熬夜的人更长、更高质量的睡眠,这是种全新的生命体验;从晚起到早起,你将拥有更多闲暇的晨光,于是你可以从容地享用早餐、欣赏日出,观察世界,又或者第一个走进办公室,将一天的工作整理得井然有序……所以,短期来看这些习惯上的变化,对生活方式的转变卓有成效。

同时,习惯的改变犹如多米诺骨牌,一个好习惯会引向另一个好习惯,你的生活必然迎来更大的改观。你选择走出舒适圈,在下班之后去看一本书,去学习你感兴趣的知识。每天认真看书 20 页,一个月你至少能完成两本书的阅读,如果再将这个数据乘以 12,一年你将阅读 24 本书。每天 2 小时左右的阅读时间带给你的,将是无尽的精神财富,回过头你会发现,就在不

---

① 查尔斯·杜希格《习惯的力量》

知不觉中,你已经比没有阅读习惯的人,多走了许多许多路。而在你读书的两个小时里,你放下了手机,抛开那些永无止境的碎片化信息,不知不觉中,你改掉了你一直想改的坏习惯。又或者还有其他的意外之喜,阅读提升了你的写作能力,因此在工作上你能表现得更出色;增加了你与别人的共同话题,你的人际关系也变得更加融洽……好的习惯能带来连锁式的良好效应。

詹姆斯·克利尔的习惯法则告诉我们:如果我们一年内每天进步 1%,到完成时,将会进步 37 倍。好习惯会因为复利不断增长,我们在习惯中的初始改变,会让我们看到一些旋踵即逝的益处,而这些复利会刺激我们继续坚持的愿望,随着岁月的积累,带来意想不到的结果。

3. 习惯的长期意义

除了习惯的短期意义之外,我们也不能够去忽略习惯长期的意义,这是更有战略性质,更值得我们去注意的一方面。许多人会因为看不到这点,而使得习惯的培养本末倒置。因此,当我们谈论习惯的力量时,不应短视,一味追求眼前的"功利";同样,也不能放弃当下每一点滴的积累而好高骛远,拥有远大抱负的人最先关注的可能是身边的义举。

当我们谈论习惯时,我们除了看到更具体、切实的在生活、学习、工作上的习惯,还应透过现象看本质,看到这些习惯背后所指向的是一些在人成长过程中至为重要的几个特质——自律、持之以恒、秩序井然等等。

自律的人最自由。自律可以指在没有人现场监督的情况下,通过自己要求自己,变被动为主动,自觉地遵循法度,拿它来约束自己的一言一行,还可以指不受外界约束和情感支配,据自己善良意志按自己颁布的道德规律而行事的道德原则。自律的人之所以自由,是因为他们不会被自己一时冲动制约,不会被懒散控制,他们具有强大的意志力、执行力,能在自己的领域里十分坚定地将事情推行下去。自律是一种极其令人羡慕的精神力量,幸运的是,自律是可以习得的。自律可以是一种习惯,同样许多习惯得到畅通无阻推行的背后,仰仗的也是自律。在我们养成好习惯的过程中,我们需要不时提醒、约束自己,时刻回到正轨。但是当习惯一养成,那必定是不再需要任何监督、监管的,而是以自身的意志力去保证习惯的顺利施行。因此,我们可以说,养成习惯的同时,我们也在培养我们身上的自律。习惯如何升级为自律呢?自律又是怎么从良好的习惯中培养出来的呢?当我们充分认识到某一行为的必要性,当我们深深地接受了刻在这个行为背后的逻辑时,当我们以此为依据去制约我们的行为时,我们已经在养成"习惯"了。"习惯"经过重复,便会成为意志的有机一部分,变成趋于自动化的行为,如此便到达了"从心所欲而不逾矩"的境界。当我们养成了良好的饮食习惯,"节制、均衡的饮食"对我们来说就已经变为生活的一部分,是再平常不过的行为,这种坚持便会牢不可破,为你自律的人生增添光彩。有人说,自律是痛苦的,因为那常常意味着要做违反自己意愿的事,然而基于良好习惯养成的自律却是十分自然、稳固的,非但不是痛苦,反而变成一种"享受"。

坚持是一种十分重要的自我控制能力,也是成事的关键。古人言,锲而不舍,金石可镂。古往今来,"坚持"的精神品质一直是许多伟人的共性。柏拉图是苏格拉底课堂甩手实验上坚持最久,也是唯一坚持全程的人,后来他果然成为继苏格拉底之后希腊最伟大的哲学家。这证明尽管是日常生活中不起眼的小事,经过"坚持"的放大也能反映出这个人不凡的定力。坚持是习惯形成的最基本动力,而在习惯的辅佐之下,坚持这件事情也变得容易了起来。我们正是在日常生活许许多多的小习惯中学会坚持的。"不积跬步,无以至千里;不积小流,无以成江河。"习惯在坚持的力量之下,其价值也得到了成倍的放大。一天的早睡早起、健康饮食和运动可能不会产生多大的影响,但如果将这样的生活规范持之以恒,我们便可以看到好习惯切实地改变了人的生活轨迹。习惯养成的核心在于"重复",在习惯养成初期,你需要自觉地强迫自己进行重复,但在习惯养成后期,你就能尽情享受"坚持"的红利:习惯的重复变得不再费力。因此,谈论习惯的同时,我们其实也是在谈论坚持,而养成习惯的同时,我们也在无形中锻炼自己的坚持。坚持一个良好的习惯,是让习惯发挥巨大力量,改变我们生活的必要品质。

做事有条理是许多人成功的原因,他们中的很多人智商和普通人无异,但就是靠做事情有条理,让自己的效率高于别人,在激烈的竞争中脱颖而出了。条理即是秩序,做事有条理的人往往有着自己一套完整的生活、工作秩序,他们知道自己正在干什么,下一步将要干什么,从而常常能够化繁为简,将混乱的事情处理得秩序井然。而事实上,秩序正是依托于许许多多良好的习惯而形成的。生活的秩序井然是一个个良好生活习惯得到贯彻的结果,工作的秩序井然来源一个个良好工作习惯的执行。常常听到身边的人抱怨,辛苦整理好的房间,转眼间就变得混乱不堪;或者自己总是丢三落四,出门忘带钥匙,旅游忘带身份证,永远也找不到自己想要找的东西;又或者,老板交代的工作上的要求,回头就不记得了……真令人感叹是否上天在与自己作对?其实并非如此,也不是我们的"脑子"出现了什么问题,很可能只是因为生活、工作习惯不佳。从早到晚,一天的生活中我们不知道要与多少习惯打交道,不好的习惯常常导致拖延、遗忘和成果质量低等情况发生,更为糟糕的是,它还会如同滚雪球般越积越大,最后将你的生活撞得支离破碎。面对这种情况,我们能做的唯有培养良好习惯,让好习惯互相串联、沟通,给你编织一个井井有条的生活、工作之网。

（二）不同习惯不同结局

《论衡·本性》中说："习善而为善，习恶而为恶。"可见习惯分善、恶，如果说善的习惯给人的一生巨大的助推力量，那么恶的习惯则让人的生活失序，危害极大。《习惯的力量》的副标题写着"为什么我们这样生活，那样工作？"习惯就是这股推动我们生活、工作的不知名力量，我们每天做的大部分选择可能会让人觉得是深思熟虑决策的结果，其实并非如此。人每天的活动中，有超过40%是习惯的产物，而不是自己主动的决定。虽然每个习惯的影响相对来说比较小，但是随着时间的推移，这些习惯综合起来却形成了我们最主要的"行为模式"，而这个模式对我们人生几乎是起着决定性作用的。不但是行为模式，习惯还可以是一种影响我们的思维模式，这就更加表明习惯或隐或显的强大力量，我们没有人能逃出它的制约。这就形成了一种人生的"马太效应"，优秀的人无比优秀，而堕落的人如果不及时清醒过来，很快就会无药可救。归根到底，这都是习惯在发挥作用，好习惯与坏习惯将会把人领向两种完全截然不同的人生。幸运的是，习惯是可以改变的，当我们强烈地意识到我们需要形成某个新的习惯或者改变某个旧的习惯时，我们可以主动对抗那已经轻车熟路的无意识行动，运用意志力或者习惯形成策略来改变自己。

有什么样的习惯，就会有什么样的生活，有什么样的工作，就会拥有什么样的人生，而习惯最后会形成人的身份。你如果拥有健康人的习惯，你对自我的身份认同就会定位在"凡事讲求健康"，你会越来越多地与"健康"为标准来要求自己，那么那些"不健康"的恶习就很难侵占你的人生。同理，你的身份认同也可以督促你的行为方式。例如，一位十分爱漂亮、注意身材的女士很可能会将自己的身份认同设定为"瘦子"，于是在吃饭之前，她便会问自己"作为一个瘦子，午饭应该吃什么？"于是她会放弃油腻、高热量的食物，转而选择少油少糖、健康均衡的饮食，最后的结局是在这些习惯的督促之下，她真的会变成一个"瘦子"，并且永远是一个"瘦子"。习惯与身份认同之间的作用是相互的，好的习惯和好的身份认同之间会形成良性循环，使之成为一条牢固、永续的链条。反之，坏习惯常常伴随着低价值感的自我认同：想想你曾经为自己的"一时放纵"所寻找过的借口。你可能认为自己天生就是无法坚持、不自律的人，因此你很容易就放弃了那些专属于自律的人的习惯。你不阅读，因为你从来不是"爱学习"的人；你不运动，因为你一直都是"懒惰"的人；你熬夜暴食，因为你本身就是"顾前不顾后"的人。在这些错误的心理暗示之下，你为自己不合理的行动找到了借口。但是从来如此，便对吗？更何况，人的性格、意志品质大多是后天形成的，每个人都具有极大的可塑性。萨特倡导自由选择，人的宿命就是在每一个完全自主的自由选择当中,成为那个独一无二的自己。这里的每个小小选择就意味着我们生活中的每个小小习惯,每个习惯都是至关重要的,它的好坏决定着我们究竟是谁,究竟成为怎样的人。

不同的习惯是如何将一个人塑造得完全不同的呢?在过去中国的教育制度中,如果你根据传统的标准,那么许多中国的学生都表现得非常优异。比如在清华大学里,几乎所有的学生从小学到高中一直都成绩很好,而且很多人在清华大学的课程还能继续得 A,陈吉宁校长将这样的学生称为“A 学生”。随着社会需求的迅猛变化,中国的教育制度并没有让学生准备好应对这一变局。“A 学生”成绩虽好,但并不具备当今社会取得成功所必备的创造力和创新精神,陈校长意识到,中国的教育制度正面临一个严峻的问题,不仅是在大学这一层面,而且是从幼儿教育阶段就开始,波及整个教育系统。中国政府选中清华大学来引领一场全国性的大学综合改革活动,陈校长开始打破原始的教育习惯,寻找一种新的教育和学习方法,帮助学生养成探究和创造型思维习惯,从而成为一种新型的学生,我们称之为“X 型”学生,陈校长解释说:“X 型”学生愿意冒险,勇于尝试新鲜事物;他们渴望提出自己的问题,而不是简单地解决教科书里的问题,那些最具有创意的想法和富有创造性的新方向都来自这些“X 型”学生。

在清华大学的工作中,重中之重就是为中国社会培养更多“X 型”学生,陈校长发现当孩子们用拼插玩具进行造型拼搭时,通过不断地探索,试验和挑战边界,正在成长为“X 型”也就是创造性思考者。课堂模式的改变,是改变学生类型的前提,想要持续助力创造性思考者的培养,首先就是要改变过去的教育观念和教育习惯,从而让学生养成良好的思维习惯和学习习惯,培养发散思维和聚合思维,激发好奇心和求知欲,鼓励学生积极探索,敢于创新。

教育理念对学生行为习惯、思维习惯的影响,直接连带到社会的发展。凯西·戴维森在著作《现在你看到了》中估计,现在的小学生,大概会有 2/3 会在将来从事目前尚未发明出来的工作。要想在变化如此快速的世界蓬勃发展,创造性地思考和行动的能力变得前所未有的重要。

显然,不同的习惯确实会让我们变成不同的人。因此我们要尊重习惯的力量,维护、培养那些让我们变得更好的习惯,来适应社会与生活的改变,察觉、改正那些让我们堕落、颓废的习惯。

二、习惯助推成功

习惯是重复了足够多的次数后而变得自动化的行为,在我们每个人身上都会有一些不同的习惯,例如有的人喜欢睡懒觉,有的人坚持每天锻炼,有人总是乱扔东西、经常丢三落四……这些看似不经意的行为已经慢慢自动化为一种习惯,也成为我们生活的一部分。人们常常会忽视这些习惯行为的存在,难以察觉不同习惯对生活的影响。然而习惯的力量是巨大的,甚至可以改变一个人的命运。为什么"习惯改变命运"?因为个人40%~50%的行为取决于无意识的习惯。生活中大多数的习惯,都是微小的,难以直接意识到的,它们潜藏在我们的下意识里面,却是决定我们生活质量、成功与否的关键一点。古今中外,众多成功人士都是因为良好的习惯助推他们最终走向成功。而在他们身上都有一些良好的行为长期坚持,最终养成习惯,形成自然。

我国东晋时期的大书法家王羲之,曾经做过刺史,当过右军将军。小的时候练字十分刻苦,据说平时走路的时候,也随时用手指比划着练字,日子久了,连衣服都划破了。据说他练字用坏的毛笔,堆在一起成了一座小山。长大以后,王羲之的字写得相当好了,还是坚持每天练字。他曾经由于练得出神错把墨汁当成蒜泥蘸了吃,最后也被公认为是我国历史上杰出的书法家之一。正是养成了坚持、自律的好习惯,他才能一步一步走向成功,把握习惯就是把握成功的秘诀。

成功的秘诀在于自我克制。关于习惯,只有通过实践锻炼,人们才能够真正获得自制力。也只有依靠惯性和反复的自我训练,我们的神经才有可能得到完全控制,自制力的培养在很大程度上就是一种习惯的形成。

培养自我克制的原则,就是形成良好的、自制的生活习惯。

俗话说一寸光阴一寸金,寸金难买寸光阴,如果从小就养成不迟到具有时间观念的好习惯,对一个人一生的发展有着举足轻重的作用。鲁迅先生平时要求自己要抓紧时间做事,还在桌子上刻了一个"早"字,做任何事都要合理规划时间。鲁迅先生说:"节省时间,也就是使一个人的有限的生命,更加有效,而也即等于延长了人的生命。"经过长时间的坚持,他养成了珍惜时间具有良好时间观念的好习惯,后来成为中国有名的作家。可见良好的习惯对于一个人的成长和发展是极为重要的,而好的习惯会帮助你一步步走向成功。

一个不迟到的习惯,助推了鲁迅先生成为有名的作家。现今社会,很多人是没有时间观念的,珍惜时间其实就是提高工作效率,同样是一小时的时间,同样的工作有人可以完成80%,有人却只能完成30%,是什么原因产生如此大的结果差异?除去自身能力因素,其实就是被我们忽略的习惯,从小培养起来的良好习惯、将会影响一个人的一生,坚持下来就意味着走向成功。

提到"韦神""数学天才",相信大家一下就能想到韦东奕。他是一名"90

后”,2008 年和 2009 年连续两次参加国际数学奥林匹克竞赛,均以满分获得金牌;2010 年被保送北京大学,之后在北京大学硕博连读,2018 年博士毕业后在北京国际数学研究中心从事博士后研究工作,目前是一名北京大学助理教授。“韦神”的经历,让我们看到的不光是一位天才,更重要的是他努力而专注的学习习惯。现实生活中“韦神”毕竟是少数,大部分都是普通人,也并不是让每个孩子都成为“韦神”,但如果让孩子养成良好的学习习惯,例如阅读习惯、探究习惯等,对将来孩子的生活和学习都有益处,成绩只是一方面,将来步入工作岗位,能够准确理解领导的工作思路,快速高效完成工作内容,受到同事的喜欢和领导的肯定,从自身层面来讲,这也是一种成功。

如果说长期培养坚持良久的习惯能够助推成功,其实生活中一些我们不以为然的好习惯,在关键时刻同样能够助你一臂之力,可能这个习惯并不是你成功的直接因素或必要的条件,但会让别人透过习惯看到你身上所隐含的能力,从而在通往成功的路上推你一把。

这些小习惯广泛分布在我们的人生中,小到每日饮食生活起居的细节,大到我们工作学习模式的惯用,或者是思考世界、思考问题的方式都与习惯紧紧绑定在了一起。因此,我们不得不承认:成也习惯,败也习惯。

(一)生活习惯是成功的基石

生活习惯是习惯类别中最常见,也是我们最熟悉的习惯种类。柴米油盐酱醋茶,穿衣吃饭睡觉娱乐,处处有个人的“习惯”。大多数习惯代表着个人的偏好,喜欢吃甜食或者喜欢吃偏咸口味,喜欢早睡或者喜欢晚睡……但是我们仍然不能忽略这样的事实:生活是每个人的起点,生活中的习惯是人一生中最基本也最重要的习惯,它将会贯穿于你的工作、学习、人际交往中,甚至还会影响你的思维模式。好的生活习惯给予你的会是健康的身心、有序的日常、和谐的交际,这一切无疑是你成功路上的后勤保障。

经常听老一辈的人说“三岁看大,八岁看老”。好习惯的养成会伴随人一生的发展,在幼儿阶段,孩子的可塑性很强,养成良好的行为习惯,对他们一生的影响都是巨大的。幼儿良好的生活习惯包括良好的卫生习惯、饮食习惯、睡眠习惯等,可能有人会觉得这些不都是大家会的东西吗?有什么好坏之分呢?自己洗袜子、独立进餐、早睡早起不赖床等良好的生活习惯在一定程度上加快了幼儿自理能力的发展,在规律的饮食作息条件下,为幼儿身体的成长提供了充分的营养和环境,有利于身体的健康成长。幼儿在动手做自己力所能及的事时,还会建立自信,提升注意力和社会交往能力等,为将来幼儿步入社会中的人际交往和学习生活打下坚实的基础。

在幼儿期养成的良好的生活习惯可以表现在行为举止、个人卫生等方面,可以助推儿童将来社交成功,逐渐成为同伴友好、长辈喜欢、同事欣赏、领导信任的人,从学生时代走向工作岗位能够表现良好甚至出色,在自己的岗位成为有成就的人。

(二)学习习惯是成功的保障

我们身边都不乏优秀的人,崇拜、羡慕他们成绩的同时,更惊讶于他们的"毫不费力"。他们总是看上去那么淡定、潇洒、从容,但却解决着我们难以解决的问题。在学生时期,我们或多或少都遇到过"学霸"。然而他们最可怕的地方在于,他们根本意识不到自己是"学霸",当你向他们探讨经验时,他们大概率会告诉你,他们只是坚持上课认真听讲、下课按时完成作业而已。然而这只是许多学生都在坚持做的寻常事,这并不是"学霸"能成为"学霸"的真正原因。真正助推他们成功的,是那些隐藏在日常学习生活背后的好习惯,好习惯对应着好的思维、行为模式。于是在潜移默化中,一个学习高效而又不费力的"学霸"就成就了。

北京教育科学研究院早期教育研究所所长苏靖提出:良好的学习习惯有利于建立稳固的生理和心理的"动力定型"。当学习的"动力定型"一旦建立,就可以通过生物钟、条件反射自动提醒幼儿自主地去学习,下意识会随时随地支配自己按照平时习惯的套路做那些与学习相关的事,使之在不知不觉中,做事情轻轻松松、有条有理。

13 岁就成为中国科技大学的大学生周峰,在谈到自身成功的秘诀时说是良好的学习习惯成就了自己。据说周峰有两个好的学习习惯:一是量化的学习习惯。他认识汉字、记英语单词,都是每天 10 个,即使是走亲戚串门也从不间断。一年下来,3000 多个汉字记住了,3000 多个英语单词也记住了。二是定时学习的习惯,该学习的时候学习,该玩的时候玩,自觉性极强,也就是做到自律,由此可见良好学习习惯的重要性。

同样,身边还有着许多令人艳羡的同事,我们处理起来十分棘手的难题:写工作报告、做 PPT、演讲等,他们处理起来轻松自如、游刃有余。支撑他们高质量完成工作的,同样不是什么"天赋",而是在"后天努力"下培养起来的良好学习习惯。这些好习惯完全融入他们的学习、工作之中,以至于完全隐形,不留痕迹,但又无时无刻不在影响着他们处理完成学习和工作的方式。优秀的习惯对于学习、工作这两项每个人都必须面对的"繁难"工作,是一把无坚不摧的有力武器。

(三)思维习惯是成功的动力

如果说习惯是在暗中支配我们生活的无形之手,那么思维习惯便是推动着无形之手的动力。思维习惯是我们所有习惯中最根本,隐藏最深,也是最抽象的习惯。大多数人囿于生活、工作、学习上较为明显的习惯,却忘记去思考在这些习惯背后的更深层的东西。是什么在支配着你的日常习惯,是什么在管理着你习惯的养成。这些问题的症结归根到底,还得谈到思维习惯上来。能迈着坚定步伐走向成功的人,通常有着十分强悍的思维模式,他们习惯性地将事情向高效的方向规划,习惯性地将任何事情打理得井井有条,习惯性地把自己居于强者的位置,因此要求事事卓越。可以说这种强者思维,无论遇到任何困难和挑战,都能轻松驾驭。

思维最初是人脑借助于语言对事物的概括和间接的反应过程。虽然看不到摸不着,但是却直接影响我们的生活和学习的结果。在日常生活中经常会看到这样的孩子,在遇到困难时哭闹,不会做事情时总是依赖同伴或老师,面对任务和挑战时甚至没有任何想尝试的意愿。我们还会在工作中看到有些成人在面对突然安排的任务或较艰巨的困难时,会出现烦躁焦虑情绪,找各种理由推脱。这些表现其实都是思维的一种外溢,习惯性躲避困难,选择自己的舒适区域。长此以往下去,你的能力如何得到提升和锻炼呢?因此一个人的思维习惯十分重要,学前阶段是幼儿思维培养的重要时期,现代发展变化的社会趋势对一个人思维能力的要求越来越高,而孩子的认知机制、思维能力是底层基础,需要在学前阶段有针对性地、引导和训练。幼儿在园所掌握的从简单的作息时间到学会做计划,再到挑战困难和同伴互助合作等习惯对幼儿将来的全面发展会起到至关重要的作用,而良好的思维习惯也会成为孩子走向自身成功的动力源泉。

相反的,还有一种标准的弱者思维,心理学上称为"习得性无助"。习得性无助,是指一个人经历了失败和挫折后,面对问题时产生的无能为力的心理状态和行为,是一种因习惯了失败而放弃了所有对成功的追求的心理模式。习得性无助由美国心理学家赛利格曼于1967年在研究动物时提出,他用狗做了一项经典实验,起初把狗关在笼子里,只要蜂音器一响,就给以难受的电击,狗关在笼子里逃避不了电击,多次实验后,蜂音器一响,在给电击前,先把笼门打开,此时狗不但不逃而且不等电击出现就先倒在地开始呻吟和颤抖,本来可以主动地逃避却绝望地等待痛苦的来临,这就是习得性无助。而在人身上,习得性无助形成的原因很多,大多是因为经历了多次失败,从而养成了消极的心理定势,于是在面对任何困难时,首先想到自己会失败,从而放弃任何尝试,最终真的完全走向失败。

思维习惯是我们思考这个世界的方式,也是我们行为的主要指导。一个优秀的思维方式,例如自信果断的决策方式、礼貌和蔼的交际方式、稳定平和的情绪管理,都是思维的宝贵财富,在助推成功的路上起着定鼎之功。

习惯决定孩子命运,教育的核心是培养健康人格,培养健康人格最有效的途径就是从培养行为习惯做起。我们抓住了行为习惯培养这个根本,就抓住了教育最有效的一条途径。儿童教育就是培养好习惯,我们通过培养好习惯来缔造孩子的健康人格和终身发展。

第三节　习惯是我的成长伙伴

伙伴是什么?

伙伴是在田野里和你一起追逐白云和落日的人;伙伴是和你分享同一个棉花糖的人;伙伴是上学路上和你共撑一把伞的人;伙伴,也是你高兴时和你一起开心,难过时和你共同面对的人……

春天,我们一起追逐着温暖的风,在和暖的阳光下嬉闹、玩耍。河边的柳树发出了嫩绿的新芽,迎春也花枝招展地开啦!我们挖野菜、找野果,还会偷偷地一起掏一个鸟窝。

夏天,就算天气再热也挡不住我们快乐的脚步!我们一起在晒麦场上躲猫猫,一个个被晒成了小黑炭,再一窝蜂地冲进小卖部买冰棍、喝汽水;我们一起在田边上逮蛐蛐儿、捉蚂蚱,比赛谁是“捉虫王”;傍晚的时候,我们就伴着阵阵的蝉鸣趁着月色抓知了猴。回到家后,一边拍着落在身上的蚊子,一边啃着刚从凉水里捞出来的西瓜!

秋天,我们咔嚓咔嚓地踩着满地的落叶玩“骑马打仗”,顺手捞起一个“老根儿”,就能乐此不疲地比拼上老半天;果园里的苹果熟了,一群黑黢黢的小脑袋趴在果园的栏杆上,闻着果香流口水;大雁在天空上飞过,我们一边开心地追逐着,一边感叹:“真的是一会儿排成人字,一会儿排成一字啊!”

冬天,我们戴上棉帽子,挎上棉手套,蹬上“酷炫”的雪地靴,全副武装地到白雪皑皑的天地里堆雪人、打出溜滑。过不了多一会儿,脸蛋就被冻成了红彤彤的一坨,像滚在雪地里的山楂一样;你拿两个红薯,我带一把花生,他抱一袋瓜子,我们学着大人的样子围着火炉子一边烤美食,一边讨论“人生的大事”……

我们和伙伴一起,走过每一个春夏秋冬,度过每一个人生路上的重要阶段。我们互相陪伴、互相扶持,彼此都成为对方成长路上最珍贵,也是最不可缺少的一部分。

而对于我们来说,彼此的身边还有一个非常重要的伙伴,它甚至比朋友关系更密切,陪伴更长久。它,就是习惯。当良好的习惯成为我们的伙伴后,会带来什么呢?

有次跟朋友一起出去旅行,结束了一天的游玩后,我们都像霜打的茄子一样倒在酒店的床上。洗完澡吃完晚饭后,我已经迅速地进入了睡前玩手机模式,但朋友却趴在一边的书桌上认真地写旅行笔记。

“你不累吗?”我奇怪地问道。

“再累也要坚持写完呀！这么多年都养成习惯了,不把有趣的事记录下来睡觉都不踏实!”说完,她向我展示了手机里拍的照片,那是从初中起就开始记录的、一册册厚厚的记事本,每个本子上都被她用文字和照片记录得满满当当。而我回头想想自己的旅行经历,好像除了几张风景照,便什么都没有了。

我的这位朋友,从上学时起就是班里的“小作家”,高考也以优秀的成绩进入了理想中的大学。现在,她是一位优秀的中学语文老师。用文字记录经历的习惯,她从初中开始保持到了现在,已经成为她身边重要的伙伴。她的优秀,相信与这位“伙伴”的帮助是分不开的!

我们经常羡慕有晨跑习惯的人能保持苗条的身材;羡慕有良好饮食习惯的人能够有健康的身体;羡慕有读书习惯的人能够出口成章;羡慕有记录习惯的人能够把工作安排得井然有序……习惯,慢慢地在人们的身边生根发芽,成为生活和工作中最重要的伙伴。良好的习惯像优秀的伙伴一样,带给我们正能量,督促我们不断成长和进步!

一、享受习惯带来的幸福感

《理解脑——新的学习科学的诞生》一书中这样写道:个体努力追求自己真正快乐的状态,而它并不需要明确的外部奖励。许多因素都能激发人的学习动机,如渴望赞扬和认同等。但其中最有力的一种(如果不是唯一一种)是理解时的喜悦感。脑对这种感觉有着明确的反应。例如,在人们突然有一种“我明白了!”的感觉时,脑会突然产生一些神经联结,并觉察到所有信息之间的内部联系。这是一种最快乐的脑体验,至少在学习情境中如此,真可谓是一种“心智的极度快感”。

习惯的形成,也是一种人与人、人与环境、人与自然、人与自身行为之间的一种信息联结。当人们处于自己熟悉和习惯的环境,做着自己习惯的事情的时候,大脑会无意识地放松,达到一种类似于“心智极度快感”的状态。

(一)习惯带给我们舒适感

舒适区也被称为心理舒适区,是指一个人所表现的心理状态和习惯的行为模式。习惯带给我们舒适感,因为它已经在日积月累中成为我们一种自动化的行为方式,恰好处于我们的舒适区之内。

生活在城市的人想必都被拥挤困扰。在被挤成沙丁鱼的地铁上、被堵得半个小时开100米的汽车上,我们经常能听到人们这样或那样地吐槽、抱怨。但是,我却清楚地记得每到春节假期,返乡人群大批离开城市,随之带走了拥挤和吵闹后,留在城市的人所表现出的状态:

“地铁上好冷清，人少得我感到害怕……”

“天哪，街边的烟火气去哪里了？”

“我都开始怀念堵车了！”

就像当初吐槽拥挤一样，一条一条的朋友圈动态却又表达着人们对拥挤的怀念。曾经问过一位朋友，为什么会有这样的表现，她回答：“习惯了啊，热热闹闹的才是我认识的地方！”

某些环境带给我们的也许并不是便捷，但因为久而久之形成的习惯性的认知，早已经在人们的头脑中形成既定的神经回路，使大脑在与其相互作用的过程当中更为顺畅、便捷，从而将人们推入了心理上的舒适区。

行为习惯也是如此。身边的朋友有健身的习惯，有时即便是下雨或者刮风等恶劣天气也挡不住她去往健身房的步伐。“停一天能怎么样呢？又不会长胖。”很多人向她提出了这样的质疑。她笑着回答：“已经习惯了，不去觉得浑身都难受！”“浑身难受”只不过是心理上的一种假象状态，而并不是真正的身体上不舒服。之所以会产生这样的状态，是因为习惯性的行为被破坏，迫使其走出了心理上的舒适区。

（二）习惯带给我们安全感

相信很多人都有这样的经历。外出旅行回到家之后，一种从身到心的放松便席卷而来，整个人处在一种被熟悉的事物、环境甚至是空气包围起来的安全感中。虽然旅行中有目不暇接的美景吸引我们去观赏，有千千万万的趣事等待我们去经历和探索。但是，不管出去多远、多久，回家也依旧会是每个人不变的选择。这也就是绝大多数人喜欢在合适的地方定居，而不是到处漂泊。

安全感是人心理和生理上最基本的需求，人为什么会对自己的家有安全感？因为它是我们习惯的事物、人群、环境、行为的集合体。这种习惯，让我们在心理上获得了极大的放松，从而产生安全感。

习惯性的行为也是在不断地重复和巩固中形成的。有的人习惯睡前看书，有的人习惯随时保存自己写作的文档，有的人习惯晨起喝一杯温水，有的人习惯吃饭细嚼慢咽……这样的习惯性行为千千万万，人们在重复行为的过程当中逐渐熟悉，并从行为当中获得安全感。这种安全感有的时候是不被发觉的，但是，当你一旦打乱或者破坏某种习惯，则会让人感觉到不适。

（三）习惯让人获得成就感

我们经常能看到媒体上报道有各行各业的优秀人才，她们都拥有过人的本领。4 秒钟点钞 100 张的银行职员，飞速更换轮胎的修理工师傅，蒙着眼睛也能迅速拆装枪支的武警官兵……

他们的成功和不断地努力练习是分不开的。初学一项技能，在重复的练习当中让行为或动作成为一种习惯,并在重复习惯的过程中将其转化成能力,而能力正是成功的必要条件。

二、抓住习惯培养的黄金期

(一)习惯养成的黄金期

黄金期,指某一事物发展最迅速、最有价值、最宝贵的时期。儿童习惯养成的黄金期,指在成长过程中,儿童生活卫生、学习探究、社会行为等习惯最容易内化、养成和发展的最有价值的时期。

(二)黄金期对儿童学习与发展的影响

1. 黄金期更易于儿童养成习惯

习惯是指在长时期里逐渐养成的、不容易改变的行为或倾向,也是一种稳定的自动化的行为方式。习惯的养成,也就是身体、思维等循环往复不断地重复某一行为,至其形成一种稳定自动化行为的过程。

幼儿教育思想家蒙台梭利认为,0—6 岁的儿童心智发展处于“吸收性心智”阶段,特点就是儿童会吸收一切的东西。0—3 岁,儿童处于无意识吸收状态,3—6 岁则处于有意识吸收状态。这个阶段的儿童毫不费力地吸收所有他所在环境里的信息,不分析、不辩证、不管原因、不问结果。在这个阶段,儿童所接触和学习到的一切事物都会被其无条件地吸收到自身之中,成为其成长过程当中的重要决定因素。一些特定的行为,更容易在这个时期被幼儿捕捉和吸收,形成儿童与事物之间的刺激和反应,从而不断地重复并建立稳固的神经联系,形成习惯。同时,习惯随着不断地重复而日益巩固,越来越不容易改变。

儿童时期正处于对世界万物的懵懂探索时期,就如一张白纸一样,这就为良好习惯的养成减少了不必要的阻力,建立起来的习惯也更为稳固。

2. 黄金期是习惯形成初期,对儿童日后生活和学习影响较大

习惯养成的黄金期,同样也是一个人习惯形成的初期。一个小小的习惯可能会给其在日后的成长道路上带来很多重要的影响。

首先,良好的卫生习惯,包括生活卫生习惯(良好的卫生习惯、饮食习惯、睡眠习惯等)对儿童的身体健康、身心成长都有巨大益处。良好的生活卫生习惯是儿童健康成长的基础,儿童的饮食睡眠习惯等会对其健康产生很大的影响,培养儿童养成良好的生活规律,定时进餐,定时睡眠,动静交替,使儿童体内各器官有节奏地活动,就能使儿童在进餐时食欲旺盛,游戏时精力充沛,学习时注意力集中。

良好学习探究习惯可以帮助儿童在学习中与同伴相互配合、共同成长;培养儿童的学习兴趣和对一件事情坚持到底的韧性,促使儿童在生活中增

长知识、发展智力，在学习中有积极向上的心态，对学习产生兴趣。培养儿童集中注意力，很好地控制自己的行为，为在以后生活中做一个爱学习、生活自律的人打下良好的基础。

良好的社会行为习惯能让儿童的生活更有秩序，为未来的生活奠定良好的基础。在合作时会主动与同伴交流、讨论，在这一过程中儿童能够学会倾听、体会、包容、谦让等，促进儿童情感的发展。

良好习惯都是相辅相成的，在这一过程中，儿童的生活习惯、卫生习惯、学习习惯、交往习惯等多也会得到进一步完善，各种良好的行为习惯互相融合、互相促进，推动儿童在成长的道路上不断全方面的发展。

(三)成长敏感期和习惯养成黄金期

蒙台梭利提出了敏感期的概念，她认为："儿童在每一个特定的时期都有一种特殊的感受能力，这种感受能力促使他对环境中的某些事物很敏感，对有关事物的注意力很集中，很耐心，而对其他事物则置若罔闻。"同时，其将儿童敏感期总结归纳为光感、味觉发育、文化、语言等 31 个儿童发展的敏感期。

著名儿童教育专家孙瑞雪在其作品《捕捉儿童敏感期》中指出："所谓敏感期，是指在 0—6 岁的成长过程中，儿童受内在生命力的驱使，在某个时间内，专心吸收环境中某一事物的特质，并不断重复实践的过程。顺利通过一个敏感期后，儿童的心智水平便从一个层面上升到另一个层面。"

儿童的成长，是在一个又一个的敏感期中逐步发展起来的。在不同的敏感期中，儿童对某一事物的特殊感受力使其更容易发展这一方面的能力。习惯的养成，也正是融合在成长的敏感期当中。敏感期促进儿童行为的发展，儿童行为的发展促进习惯的养成。

在很多有小婴儿的家庭中，我们常听到的一句话就是："不让放下，一放下就哭个没完！都成习惯了！"伴随这句话出现的是一张愁眉苦脸的面孔，和被累得发抖的双臂。那么，为什么儿童会有这样的习惯呢？我们都知道，刚出生的婴儿对安全感有很强烈的需求，这个时候其对周围的环境比较敏感，渴望成人的怀抱带给自己的安全感和舒适感。久而久之，从最初的生理上的需要，转化成心理上的依托和习惯。这也是儿童习惯的养成在成长敏感期中最明显的一个案例。那么，我们如何巧妙地利用儿童成长敏感期，来抓住儿童习惯养成的黄金期，促进幼儿良好行为习惯的养成呢？

敏感期	年龄段	特点	习惯培养黄金期关键词	习惯的培养
语言敏感期	1.5—2.5岁	语言的启蒙始终伴随着婴幼儿,甚至是胎儿期。对着胎儿说话,婴儿的咿咿呀呀学语就开始了语言敏感期	语言 生活卫生 倾听 阅读	1. 儿童处于语言的敏感期,适宜儿童养成礼貌用语、文明用语的习惯 2. 运用小儿歌、韵律歌等,让儿童进行颂唱,引导儿童养成饭前便后要洗手、按时刷牙等良好的生活卫生习惯 3. 抓住幼儿语言敏感期,与儿童共同进行阅读、讲故事等活动,引导幼儿养成良好的倾听、阅读习惯
社会规范敏感期	2岁半—4岁	开始喜欢结交朋友,喜欢参与群体活动,这就说明孩子进入了社会规范的敏感期。社会规范敏感期的教养有助于孩子学会遵守社会规则、生活规范,以及日常礼节,抓住时机教养,有利于将来遵守社会规范,拥有自律的生活,和他人轻松交往	交往 遵守规则和秩序 文明礼貌	1. 此阶段的儿童对群体和社会有了一定的认知,可充分利用儿童对社会规范的敏感期,培养儿童养成遵守规则、秩序的良好习惯 2. 儿童在此阶段喜欢结交朋友,同时也是培养儿童良好交往习惯的黄金期
逻辑思维敏感期	3—4岁	不断追问"为什么?""天为什么黑了?""为什么会下雨?""小朋友为什么要上幼儿园?"等等。这些问题总是让家长感到应接不暇,可是孩子却不管不顾地打破砂锅问到底。当我们一次一次地给孩子解答时,孩子开始出现了逻辑思维。孩子正是通过这样一问一答,在认识客观世界的同时也发展了思维能力	探究学习 阅读	1. 此阶段儿童对周围的一切事物充满了好奇,有探究的兴趣。抓住儿童这一特点,引导儿童养成良好的探究习惯,积极地寻找问题的答案 2. 在儿童进行探索的过程当中,引导幼儿尝试运用图书、网络等寻找问题的答案,在查阅的过程中儿童养成认真、仔细阅读的习惯

敏感期	年龄段	特点	习惯培养黄金期关键词	习惯的培养
剪、贴、涂等动手敏感期	3—4岁	儿童从这时开始真正有意识地使用工具	整理物品 生活卫生	1. 此阶段，儿童喜欢涂涂画画、动手制作等活动。可以与幼儿共同制作墙饰、图示等提示，协助儿童生活卫生习惯的养成 2. 在儿童动手制作、使用工具和材料的过程中，培养其整理物品的习惯
人际关系敏感期	4.5—6岁	从一对一交换玩具和食物开始，到寻找相同情趣的伙伴并开始相互依恋，从和许多小朋友玩到只和一两个小朋友交往，孩子自己经历了人际交往的全过程，而这种交往智能是与生俱来的	礼貌交往 文明用语	1. 此时期的儿童乐于与他人进行交往，并于身边的朋友、教师、邻居等等不同的人建立不同的交往关系。此阶段可运用适宜的方式，引导幼儿养成宽容、尊重他人、讲究信用等良好的交往习惯 2. 儿童人际交往的过程，也是培养良好语言习惯的重要时期。养成使用适宜、文明、礼貌的语言，能够促进儿童建立良好的人际关系
社会性兴趣发展的敏感期	6—7岁	孩子0—6岁的发展是一个人宏观发展的微观缩影，到了6岁他们就开始积极地了解自己和他人的基本权利，喜欢遵守和共同建立规则，形成合作意识。比如选举班长，实现自我管理，监督上课的时候谁没有进教室，吃饭前谁没有洗手，哪个孩子没有遵守幼儿园的规则……这些都是他们十分关心的事情	遵守规则和秩序 生活卫生	1. 此阶段，儿童喜欢遵守和共同建立规则，适宜培养儿童遵守社会规则和秩序等良好的社会行为习惯 2. 巧妙运用儿童的监督意识，协助教师或家长监督同伴或家庭其他成员是否认真洗手、按时刷牙、文明交往等等，监督他人的同时也督促自己良好习惯的养成

敏感期	年龄段	特点	习惯培养黄金期关键词	习惯的培养
文化敏感期	6—9岁	幼儿对文化学习的兴趣,起于3岁;而到了6—9岁则出现想探究事物奥秘的强烈需求。因此,这时期孩子的心智就像一块肥沃的土地,准备接受大量的文化播种	热爱祖国 阅读 倾听	1.3岁开始,儿童产生了对文化的兴趣。到此年龄段,儿童心智、思维等发展逐渐完善,对文化的敏感性也日趋增加。所以,在此阶段对幼儿进行传统文化、民族文化、爱国文化的熏陶,更易于幼儿接受,养成热爱祖国、热爱家长等优良的习惯 2.利用儿童对文化的敏感,为儿童提供文化类书籍、讲故事等,并在此过程中协助儿童养成良好的阅读和倾听习惯。

(上表中儿童敏感期及特点节选自蒙台梭利"儿童发展的31个敏感期"。)

三、寻找习惯养成的金钥匙

(一)什么是习惯养成的金钥匙

习惯养成的金钥匙,也就是培养幼儿养成良好行为习惯的策略和方法。是成人需要掌握的、用来促进儿童行为习惯养成的关键。儿童行为习惯培养的过程,同时也是成人对习惯价值认知的一个考验的过程。

首先,成人对习惯"好"与"坏"的判断,直接影响儿童对习惯行为的判断。

大学的时候,和室友之间曾经发生过这样一个小故事:期末考试结束,为了庆祝假期的来临,几个女孩子在餐厅打包了喜欢的菜肴,围坐在宿舍的小餐桌前开心地聚会。说说笑笑间,室友A突然伸出筷子在一盘宫保鸡丁里翻了翻,其他几个人瞬间一愣,也没有说什么。过了没一会儿,室友A又伸出筷子在另一盘"油焖大虾"里翻了翻……

室友B坐不住了,犹豫半天问了一句:"你在找什么呀?"

A一脸淡定地回答:"在找我喜欢吃的呀。"

B接着说:"可是你这样翻,让别人怎么吃饭呢?"

"你们吃你们的,我从小在家里就是这样吃饭的啊!"A一脸茫然。

"这不太好吧……"B无奈。

A嬉笑着回答说："有什么不好的，我家里人都这样吃！咱们跟一家人没什么两样，不要在乎那些繁文缛节啦！"

我们都知道，随意用自己的筷子翻动饭菜是一种很不礼貌的行为，尤其是在多人共同用餐的时候更甚。但是，从室友A的行为和回答中我们可以看出，这是她从小就已经养成的一种习惯，她并没有认为这样做存有什么问题。以致别人提出的时候，表现出了很茫然无措的状态。由此我们可以推断，在A这种行为习惯养成的过程当中，没有成年人对其进行纠正和正确的引导，甚至是"全家都是这样吃"。也就表明，A身边的家人并没有将这种行为习惯归类到"坏习惯"当中，导致A对习惯的判断产生了偏差，认为"翻菜吃"不是什么不良习惯，反而"不翻"是繁文缛节。

其次，成人对习惯养成的价值认知的深度，影响其所运用的培养策略及其效果。

东汉辞赋家班固在《汉书·贾谊传》中写道："少成若天性，习惯如自然。"这句话是指人在小时候接受的教育、养成的习惯，就像天性一样的自然，会成为奠定思想与性情的关键，甚至也会成为一个人成功的关键。而儿童习惯的养成，是在成人的引导和培养下完成的。成人对于习惯价值认知的程度，影响其对养成的重视程度，决定了其采用的策略和方法。认识程度越深，对儿童习惯养成的重视程度越高，采取的相应策略和方法也会更全面、更有效果。

以儿童养成按时刷牙的卫生习惯为例。一部分家长认为，孩子还很小，刷牙与否并不重要。所以，家长对此习惯培养的价值认知程度较低，认为"没有必要"或者"不那么重要"，其采用的引导儿童养成习惯的策略也会较为简单，习惯养成效果也会相应较差。

那么，养成按时刷牙的好习惯究竟有什么价值呢？让我们一起来看一看：牙齿的健康对于儿童来说非常重要。尤其是在换牙之后，如果出现了蛀牙、虫牙等诸多现象，那么便很难修复，家长和幼儿都会踏上"看牙齿"的漫漫征程。同时，帮助儿童养成刷牙的好习惯，也是在引导其保持个人的卫生。养成良好的个人卫生习惯，能够让孩子更好地照顾自己的身体，具有一定的自理能力，同时也有助于儿童的健康。刷牙习惯的养成不仅对孩子的健康和牙齿有帮助，同时也能够帮助孩子变得越来越自律。如果他们能够做到每天早晚自觉地刷牙，也就意味着孩子有着很强的自制力。

家长在充分认识到习惯背后的价值后，采取的策略也会更加多样化。换一个卡通有趣的牙刷、牙膏，吸引孩子刷牙的兴趣；一起看一部关于保护牙齿的动画片，提高儿童对牙齿的重视程度；每天跟儿童一起刷牙，以身作则帮助儿童养成良好的习惯……多种多样的策略助力幼儿养成按时刷牙的好习惯,效果也会立竿见影。

(二)习惯养成的原则

1. 一致性原则

首先,幼儿园教育与家庭教育要保持一致。幼儿园和家庭之间对儿童习惯培养的要求、方向和途径要一致,形成家园同步教育,才能够让幼儿在习惯养成的过程当中形成系统认知,促进良好习惯的养成。

其次,家庭成员之间的教育要求要保持一致。家庭成员之间的要求一致非常重要。家庭教育与幼儿园教育不同,没有明确、统一教育原则和培养机制,家庭成员之间因生长环境、教育程度、工作等方面的不同,教育意识和方法也不尽相同。在儿童习惯培养的过程当中,家庭成员之间不能今天你要求"先刷牙后洗脸",明天我要求"先洗脸后刷牙",保持目标的一致才能够让幼儿对习惯行为有正确的认知,从而促进习惯更好的养成。

再次,对养成对象的要求要一致。习惯的养成没有例外,不论是儿童与成人之间,还是儿童与儿童之间,都应该一视同仁。对任何对象保持一致的培养要求,儿童心理上才能达到平衡,并对习惯行为产生正确的认知。

2. 整体性原则

在习惯养成的过程当中,成人应关注儿童的整体性发展,不能只针对某一种行为习惯进行培养。儿童的行为习惯包括生活卫生习惯、学习探究习惯、社会行为习惯多个方面,只有全面关注、整体培养才能够促进儿童"德智体美劳"全面发展。

3. 渐进性原则

习惯的养成不是一朝一夕能够完成的,成人要做到有耐心、有恒心、有信心的"三心"教育。习惯养成的时间根据内容和个体的不同而长短不同,成人首先不能急于求成,给予儿童充分的时间去了解、习得、内化和养成习惯,循序渐进地帮助幼儿养成良好的习惯。

4. 示范性原则

习惯不是天生存在,而是后天养成的。成人在儿童习惯养成的过程当中有着非常重要的榜样示范作用,家长、教师这些与儿童存在亲近关系的人的示范作用显然更大。所以,成人必须以身作则,为幼儿起到良好的榜样示范作用,才能时刻对幼儿产生正向的引导,促使幼儿养成良好的习惯。对好习惯"习以为常",养成好习惯便顺理成章,反之亦然。

5. 坚决性原则

习惯养成是一个循环往复,甚至是一个略显乏味和漫长的过程,在这个过程当中,成人首先要保持坚决的态度,不因儿童自身、他人干扰等情况的影响而中途放弃或改变培养的要求。这样,才能够让幼儿从心理上真正地认识到习惯养成的重要性,重视和配合养成行为。

(三)习惯养成的金钥匙有哪些

1. 生活行为习惯

(1)巧妙提示策略

用图示、图画等将刷牙、洗手、叠衣服等生活卫生习惯简约、直观地表现出来,并张贴在儿童易于观察的位置。

图画、图示等能够将习惯行为的重点内容突出并具有趣味性地表现出来,使幼儿能够直观地进行观察,方便引导幼儿学习习惯行为的同时也能够起到提示作用。

将简单的生活、卫生行为习惯变成儿歌,方便幼儿记忆动作要领。如:“七步洗手法”儿歌、叠衣服儿歌、刷牙歌等等。儿歌趣味性、节奏性强,朗朗上口易于颂唱,能够激发幼儿的学习兴趣。

(2)观察对比策略

利用音频、视频、图片、故事等多种形式,引导儿童对生活卫生行为进行观察、对比,并引导儿童进行讨论。此种形式容易引起儿童围绕观察内容产生讨论,成人适时结合问题介入,引导儿童发现养成良好习惯的重要性,从而使儿童在心理上对习惯价值产生正确的认知,促进良好行为习惯的养成。

(3)家园协同策略

指在儿童习惯养成的过程当中,幼儿园与家庭教育的要求和目标保持一致的策略,只有达到了家园同步的引导和培养,才能够使儿童的养成活动处于一种良性的运动状态。

如:在培养幼儿掌握正确的“七步洗手法”的时候,孩子们经常会在每周一放假回来的时候暂时性地“忘记”。这个问题背后的原因其实不难发现,那就是家庭教育和幼儿园教育的脱节导致的。一般情况下,儿童每周共有5天的时间在幼儿园,剩余的2天周末在家。那么,在幼儿园养成的一系列习惯,如果在周末的两天时间内没有继续被强调,甚至没有被提及的话,那么就很容易出现“5(幼儿园教育)+2(家庭教育)<7(每周收获)”的情况。良好的习惯是在不断的循环和重复过程中养成的,所以家园协同共育,实现同步教育,是促进儿童养成良好习惯的重要方式。

(4)随机教育策略

随机教育策略是生活卫生习惯养成的一种十分重要的教育形式。日常生活是儿童生活和学习的基地,蕴含着丰富的教育契机,成人要善于观察、善于利用这些契机,引导儿童落实良好的生活卫生行为,逐渐内化成其自身的行为习惯。

2. 学习探究习惯

(1)“以小见大”策略

指在儿童习惯养成的过程当中,从简单的内容、较短的时间入手逐步地培养,让儿童的习惯养成形成一个逐渐积累和上升的过程,并进行科学和有效的把握,从而最终养成良好的习惯。

如:想要养成每天读书一小时的习惯,显然对学龄前儿童较为困难。但是,如果每天读书十分钟或是每天读两页的内容,则是比较容易实现的。又如:想要帮助小班新入园儿童养成良好的独立睡眠的习惯,就可以给幼儿一个缓冲期,让她带个自己喜欢的玩偶,或是轻轻拍着她入睡等,循序渐进地使其适应幼儿园的环境和规则,从而养成独立入睡的习惯。

(2)习惯迁移策略

三岁左右,儿童进入模仿的敏感期。这个时期,儿童对于接受一些新知识和新行为,都非常活跃和敏感。成年人的习惯往往对幼儿有着极大的影响。习惯迁移,指成人自身的良好行为习惯被儿童模仿并逐步养成自己习惯的过程。

如阅读、倾听、语言等,想要帮助儿童养成终身受益的好习惯,成人首先要约束和规范自己的行为习惯。把睡前看手机改为看书,把每周聚会喝酒改成外出运动……从一点一滴做起,慢慢地影响儿童、改变儿童,从而完成习惯的迁移,使幼儿自身养成良好的习惯。幼儿从最初的观察模仿,到习以为常形成自身的一种习惯,完成了他人习惯到自身习惯的迁移。

(3)榜样示范策略

成人为儿童树立现实或其感兴趣的形象作为学习的榜样,带动和激励儿童养成良好的学习习惯。

4—5 岁时儿童身份确认的敏感期,这个时期的儿童开始崇拜偶像,并透过偶像来表达自己是此阶段儿童的特点。为儿童树立良好的习惯榜样,如坚持运动、坚持阅读等,鼓励儿童学习其行为,增加习惯养成活动的吸引力,通过此方式促进儿童自身养成良好的习惯。

3. 社会行为习惯

(1)环境支持策略

指为儿童创造适宜的习惯养成的时间环境、教育环境等给予幼儿支持。例如要培养儿童讲文明懂礼貌的习惯,就应为儿童创设一个文明、和谐的生活环境。不长时间带儿童到棋牌室等人员较为复杂的环境中玩耍。

(2)重复强调策略

成人在儿童习惯养成过程当中,重复不断地强调和提醒,形成外部的推动力,帮助幼儿进行记忆。在此过程当中,幼儿重复不断地习得和进行,将行为内化,形成自身习惯。

学前儿童因其年龄特点,记忆力处于无意记忆为主,有意记忆逐步发展的过程当中,而且有“记得快,忘得也快”的特点。文明的语言习惯、遵守规则的习惯等社会行为习惯,对儿童来说更不易于记忆,所以成人的重复强调是推动儿童习惯养成的重要助力。

(3)鼓励支持策略

亲社会行为是指人们在社会交往中对他人有益或对社会有积极影响的行为,如帮助、分享、合作、安慰、同情、关心、谦让等行为。

在儿童习惯培养的过程当中,当儿童表现出亲社会行为时,成人要及时肯定和鼓励。促使儿童得到亲社会行为的愉快体验,促进其良好行为的保持。同时,成人也可以通过积极的示范、暗示、提醒等方式,引导儿童做出相应的亲社会行为,并及时地给予赞扬和鼓励,强化行为的形成,促进其转变成儿童自身的行为习惯。

习惯是什么?习惯是放在床头的一本书,是早晨阳光下的小路,是饭前洗干净的双手,是和送上菜肴的服务员说的那一声“谢谢”……

早晨,我们在习惯的时间和闹铃声中起床,睡眼惺忪地刷牙、洗脸;中午,我们在习惯的餐厅吃午餐,并在吃饭期间拿出手机,处理一些没有来得及回复的信息;晚上,我们在习惯的小路上夜跑,睡前在温暖的灯光下读一个故事……

习惯,好像无处不在。

它和我们一起生活、一起学习、一起工作……一个又一个习惯,组成了我们身边熟悉的一切。它就像我们的一个伙伴,或安静,或热情,或积极,或平淡,每一个它都有着不同的“性格”和“特点”。养成一种习惯,就如同选择一个伙伴。优秀的伙伴不仅陪伴着我们成长,他更能传递正能量,催促我们不断进步。良好的习惯也是一样,它像是搭建在成长路上的阶梯,指引着我们不断地成长、不断地进步!

习惯,是成长伙伴,也是每个人成长道路上最亲密的朋友。

第二章　走进习惯

第一节　生活卫生习惯培养规范

小班日常生活卫生习惯养成方法						
环节	目标	幼儿生活习惯养成内容	主班教师指导要点	配班教师指导要点	保育教师指导要点	家园共育
来园环节	1. 在教师的提示下能够与老师问好、与家长再见 2. 在教师的提示下能够有序完成晨间的各项自主活动 3. 在教师的提示下,能够参与晨间劳动,并将物品放回原位	1. 晨间礼仪:早来园向老师问好与家长再见 2. 晨间自理:整理衣物放进物品柜、洗手后放毛巾和水杯 3. 晨间劳动:如擦小椅子、照顾动植物、清洁教室表面卫生 4. 晨间游戏:自主选择游戏和伙伴	1. 晨间礼仪: (1)教师站在教室门口迎接幼儿,并随机观察活动室内幼儿情况 (2)提示幼儿主动热情与教师问好与家长再见 (3)对幼儿进行晨检:一摸(摸额头有无发热); 二看(查看幼儿身体、手、足、口腔有无皮疹、疱疹或外伤,看幼儿精神状况); 三问(询问是否有身体不适感); 四查(对幼儿进行测温,查看是否体温异常) 2. 晨间自理:观察幼儿是否能够按顺序完成整理物品柜、摆放毛巾水杯等,指导幼儿将衣物叠好放整齐 3. 晨间劳动:观察、提示、指导幼儿进行擦小椅子、照顾动植物、擦拭教室表面卫生等活动 4. 晨间游戏:设计多样的游戏内容和区域活动供幼儿自主选择,培养幼儿形成常态化游戏习惯,保证幼儿安全	1. 晨间礼仪:提示幼儿与教师、小朋友问好 2. 晨间自理:在活动室、盥洗室、衣帽间等重要地点来回巡视,观察指导幼儿有序进行晨间自理活动 3. 晨间劳动: (1)清洁教室各处的表面卫生,指导幼儿进行晨间劳动 (2)观察、指导值日生工作(如果配班教师不在班中,主班教师与保育教师及时补位) 4. 晨间游戏:观察、指导幼儿自选玩具、游戏,保证幼儿安全	1. 开窗通风、做好教室各处的表面卫生、整理好各种物品、玩具 2. 做好餐桌清、消、清的消毒工作,保证消毒液在桌面的滞留时间 3. 观察、提示、指导幼儿放毛巾水杯 4. 观察、提示、指导幼儿做好晨间自理和晨间劳动,确保幼儿活动安全	1. 早睡早起,指导幼儿自己穿衣服、刷牙、洗脸,高高兴兴上幼儿园 2. 鼓励幼儿热情与教师有礼貌地打招呼、与家长再见

环节		目标	幼儿生活习惯养成内容	主班教师指导要点	配班教师指导要点	保育教师指导要点	家园共育
进餐环节	餐前环节	1. 在教师的提示下能够按要求将椅子摆放到指定位置 2. 在教师的引导下，能够安静地参与游戏 3. 乐于参与值日生劳动，并在教师指导下有序完成	1. 餐前游戏：愿意和小朋友、教师一起进行分享科普知识、餐前阅读或游戏 (1)科普时间：愿意在教师的引导下了解或分享科普小知识 (2)餐前阅读：能够在教师的引导下安静聆听、简单分享故事或阅读图书 2. 餐前准备：在教师的提示和指导下，能够自主摆放椅子，愿意参与值日生活动，如：摆放餐具、引导其他幼儿盥洗、介绍食谱等 3. 准备进餐：在教师的提示下有序分组如厕、洗手后入位准备进餐	1. 餐前游戏： (1)带领幼儿学习不同领域的知识，如：认识蔬菜水果、交通工具、百科知识等 (2)声情并茂地为幼儿讲故事或鼓励幼儿自主选择图书、与同伴一起阅读，教师进行观察指导 2. 餐前准备： (1)教师指导幼儿摆放椅子。【左(右)侧椅子角与左(右)侧桌子腿对齐】 (2)用儿童化的语言介绍饭菜及其营养价值 (3)幼儿分组如厕、洗手，主班教师根据情况在盥洗室和活动室之间进行巡视 (4)主班教师以组织幼儿进行餐前游戏为主，三位教师及时补位，严禁孩子等饭	1. 餐前游戏：协助主班教师组织幼儿进行餐前游戏 2. 餐前准备： (1)指导值日生 ①检查摆放小椅子 ②穿罩衣、用流动水及香皂或洗手液洗手、擦手 ③发餐具，并在每桌中间放一块擦桌布。(小班上学期教师分发餐具，下学期可以值日生分发餐具) (2)指导值日生站在盥洗室门口帮助洗手的小朋友放袖子 (3)指导幼儿有序如厕后正确洗手，提醒洗完手的幼儿不能随便触摸，保持手部清洁卫生 (4)餐前游戏和餐前准备同步进行，三位教师及时补位	1. 餐前准备： (1)对桌面、餐车进行消毒，到食堂取碗(消毒液在桌面的滞留时间以园规定为准) (2)协助配班教师指导值日生进行餐前准备 (3)穿戴好分餐专用围裙、帽子、套袖、口罩去取餐、盛餐，严禁孩子等饭 2. 保育教师以为幼儿分餐为主，如果配班教师不在班，保育教师要承担指导值日生餐前准备的工作，三位教师及时补位 3. 小班上学期教师分发餐食，下学期可以自主取餐	1. 引导幼儿自主摆放椅子及餐具，鼓励幼儿帮助家长做简单的餐前准备 2. 鼓励幼儿养成饭前洗手的好习惯

环节		目标	幼儿生活习惯养成内容	主班教师指导要点	配班教师指导要点	保育教师指导要点	家园共育
进餐环节	餐中环节	1. 在教师引导下能够正确使用餐具、安静进餐 2. 在教师的引导下养成良好的进餐习惯	1. 进餐礼仪:伴随音乐或故事,安静进餐,不打扰他人 2.进餐行为: (1)在教师的引导下正确使用勺子进餐;做到细嚼慢咽、不挑食等 (2)有添餐需求的幼儿可用手势示意老师	1. 进餐礼仪:播放音乐或故事,轻声提示幼儿安静进餐 2. 配合保育老师分餐,照顾幼儿进餐 3. 进餐行为: (1)引导幼儿正确使用勺子,坐姿良好 (2)鼓励幼儿不挑食、细嚼慢咽、干稀搭配 (3)根据幼儿的需求及时为幼儿添餐 4. 进餐环节安排有序,减少幼儿等待时间	1. 进餐礼仪:轻声提示幼儿安静进餐 2. 进餐行为: (1)引导幼儿正确使用勺子,坐姿良好 (2)鼓励幼儿不挑食、细嚼慢咽、干稀搭配	1. 进餐礼仪: (1)轻声提示幼儿安静进餐 (2)为幼儿介绍当餐膳食及其营养价值 2. 对体弱儿和肥胖儿进行特殊照顾 3. 根据幼儿食量及具体情况给幼儿分餐,提示幼儿主副食分开(小班下学期幼儿自主取餐时,提示幼儿选择适合自己的菜量) 4. 进餐行为: (1)引导幼儿正确使用勺子,纠正(不良)坐姿 (2)鼓励幼儿不挑食、细嚼慢咽、干稀搭配,养成良好的饮食习惯 (3)根据幼儿的需求及时为幼儿添餐 5. 进餐环节安排有序,减少幼儿等待时间	1. 鼓励幼儿自主进餐 2. 鼓励、指导幼儿正确使用勺子,坐姿良好 3. 鼓励幼儿不挑食、细嚼慢咽、干稀搭配,养成良好的饮食习惯

<table>
<tr><th colspan="2">环节</th><th>目标</th><th>幼儿生活习惯养成内容</th><th>主班教师指导要点</th><th>配班教师指导要点</th><th>保育教师指导要点</th><th>家园共育</th></tr>
<tr><td>进餐环节</td><td>餐后环节</td><td>1. 在教师提示下能够有序完成餐后整理
2. 在教师引导下有序参与餐后活动</td><td>1. 餐后整理:
(1)在教师的引导下餐后用桌布擦净桌面,把餐具分类整齐地摆放到指定位置
(2)在教师的引导下运用正确的方法洗手、漱口、擦嘴、摆椅子
2. 餐后活动:在教师指导下进行有序的活动</td><td>1. 餐后整理:
(1)提示、指导幼儿用桌布擦净桌面
(2)提示、指导幼儿把餐具按要求放好(把碗放在盘子上,勺子放在碗里,双手托住盘子并压住勺子,放到指定位置)
(3)指导幼儿用正确的方法洗手、漱口、擦嘴、摆椅子,以上顺序可以根据园所教室格局进行调整
①擦嘴:用餐巾纸擦拭,擦一次对折一次,擦拭两至三次后,将餐巾纸揉成小球扔到垃圾桶
②漱口:接取适量水,咕噜咕噜漱三口,弯腰吐水
2. 餐后活动:
(1)早餐后:待多数幼儿完成餐后整理,引导幼儿进行自主阅读、手头玩具等安静活动
(2)午餐后:到达指定地点进行散步,提示幼儿轻声交谈,安静散步
(3) 晚餐后:在教师的提示下幼儿有序进行离园准备</td><td>1. 餐后整理:
(1)指导、提示幼儿用桌布擦净桌面
(2)指导、提示幼儿把餐具按要求放好
(3)指导、提示幼儿用正确方法洗手、漱口、擦嘴、摆椅子
2. 餐后活动:
(1)早晚餐后:引导幼儿进行有序的活动
(2)午餐后:准备接班,做好交接,如:有无磕碰、有无其他状况</td><td>1. 餐后整理:
(1)指导、提示幼儿用桌布擦净桌面
(2)指导、提示幼儿把餐具按要求放好
(3)指导幼儿用正确方法洗手、漱口、擦嘴、摆椅子
(4)照顾仍在进餐的幼儿
2. 做好活动室桌面、地面卫生工作
3. 等全部幼儿用餐结束后送餐具
4. 早餐后取加餐、做好区域活动指导工作和教育活动前准备工作</td><td>1. 鼓励幼儿运用正确方法洗手、漱口、擦嘴
2. 鼓励幼儿帮助家长收拾餐桌
3. 鼓励幼儿进行餐后散步</td></tr>
</table>

环节	目标	幼儿生活习惯养成内容	主班教师指导要点	配班教师指导要点	保育教师指导要点	家园共育
盥洗环节	1. 在教师的提示下有序洗手、擦手,掌握正确的洗手、擦手方法 2. 有初步的节约意识,能够在教师的提醒下节约用水 3. 在教师的提示下有整理仪容仪表的意识	1. 在教师的引导下做到有序排队、节约用水、文明洗手、不浪费清洁用品(如:洗手液、香皂等) 2. 能够正确运用“七步洗手法”洗手 3. 掌握正确的擦手方法,能按标记取放毛巾 4. 如有需求可寻求教师帮助整理	1. 引导幼儿有序排队、节约用水、文明洗手 2. 指导幼儿掌握正确的洗手流程(挽袖子→打开水龙头→把手冲湿→关紧水龙头→打适量香皂 →七步洗手法→打开水龙头→冲洗干净→关紧水龙头→双手合拢→把水甩在水池内) 3. 指导幼儿正确运用七步洗手法洗手 (1)洗手掌,流水湿润双手,涂抹洗手液(或肥皂),掌心相对,手指并拢相互揉搓 (2)洗背侧指缝,手心对手背沿指缝相互揉搓,双手交换进行 (3)洗掌侧指缝,掌心相对,双手交叉沿指缝相互揉搓 (4)洗指背,弯曲各手指关节,半握拳把指背放在另一手掌心旋转揉搓,双手交换进行 (5)洗拇指,一手握另一手大拇指旋转揉搓,双手交换进行 (6)洗指尖,弯曲各手指关节,把指尖合拢在另一手掌心旋转揉搓,双手交换进行 (7)洗手腕、手臂,揉搓手腕、手臂,双手交换进行 4. 指导幼儿能按标记取毛巾,打开,先擦一只手再擦另一只手,然后将毛巾挂到标记位置 5. 提示幼儿随时关注自身仪容仪表,并为有需要的幼儿提供帮助	1. 引导幼儿有序排队、节约用水、文明洗手 2. 教师组织适宜活动,如故事、音乐欣赏、轻声交流等 3. 指导、提示幼儿掌握正确的洗手流程 4. 指导、提示幼儿正确运用七步洗手法洗手 5. 指导、提示幼儿能按标记取放毛巾,擦手 6. 提示幼儿随时关注自身仪容仪表,并为有需要的幼儿提供帮助	1. 引导幼儿有序排队、节约用水、文明洗手 2. 指导、提示幼儿掌握正确的洗手流程 3. 指导、提示幼儿正确运用七步洗手法洗手 4. 指导、提示幼儿能按标记取放毛巾,擦手 5. 能够按照幼儿需求为其整理仪容仪表 6. 干燥天气时提示幼儿涂抹护手霜 7. 做好盥洗室、洗手台台面及镜子的卫生工作	1. 鼓励幼儿节约用水、文明洗手 2. 鼓励幼儿用正确的洗手流程及七步洗手法洗手 3. 鼓励幼儿用自己的毛巾,并按照正确方法擦手,不混用毛巾 4. 干燥天气时提示幼儿涂抹护手霜 5. 鼓励幼儿运用正确洗脸方法,有良好的脸部清洁习惯,保持脸部的清洁卫生

环节	目标	幼儿生活习惯养成内容	主班教师指导要点	配班教师指导要点	保育教师指导要点	家园共育
喝水环节	1. 在教师的提示下有序地按标记取放水杯 2. 在教师的提示下接适量的水,并回到固定位置,途中不洒水、不浪费水 3. 在教师的提示下能够安静、认真饮水	1. 饮水前: (1) 在教师的引导下到指定位置拿取水杯 (2) 在教师引导下能够自己接好适量水,双手握紧水杯回到固定位置 2. 饮水中:在教师引导下安静饮水,水全部喝完 3. 饮水后: (1) 在教师的引导下能够清洁桌面,把水杯放回固定位置 (2) 在教师的引导下能够做到随渴随喝	1. 饮水前: (1)引导幼儿到指定位置拿取水杯 (2)组织幼儿有序接水,引导幼儿适量取水后,双手握紧水杯回到固定位置 (3)采取适宜策略鼓励幼儿多喝水 2. 饮水中:提示幼儿安静饮水,水全部喝完 3. 饮水后: (1)引导幼儿做到随渴随喝 (2)提示幼儿饮水后将水杯放回固定位置 注:幼儿每天需满足800—1000毫升饮水量	1. 饮水前: (1)引导幼儿到指定位置拿取水杯 (2)组织幼儿有序接水,引导幼儿适量取水后,双手握紧水杯回到固定位置 (3)组织活动,如故事、音乐欣赏、轻声交流等 (4)采取适宜策略鼓励幼儿多喝水 2. 饮水中: 提示幼儿安静饮水,水全部喝完 3. 饮水后: (1)引导幼儿做到随渴随喝 (2)提示幼儿将水杯放回指定位置	1. 提前为幼儿准备干净毛巾放在桌子中间 2. 引导幼儿到指定位置拿取水杯 3. 引导幼儿有序接水,提示幼儿适量取水后,双手握紧水杯回到固定位置 4. 指导幼儿清洁桌面,把水杯放回指定位置 5. 提前准备好清洗毛巾的专用器皿,引导幼儿将清洁桌面的毛巾放进专用器皿	1. 鼓励幼儿多喝水,随渴随喝。(建议幼儿每天饮水800—1000毫升) 2. 提示幼儿用自己固定的水杯喝水 3. 鼓励幼儿安静饮水,水全部喝完 4. 鼓励幼儿喝水后能够清洁桌面

环节	目标	幼儿生活习惯养成内容	主班教师指导要点	配班教师指导要点	保育教师指导要点	家园共育
如厕环节	1. 在教师的提示下能够有序如厕、不打闹,并掌握正确的如厕方法 2. 有如厕需求能够主动告知教师 3. 在教师的提示下能够及时整理衣服或寻求教师的帮助 4. 在教师的引导下养成便后洗手的习惯	1. 如厕要求: (1)在教师的提示下,能够有序排队如厕、不打闹 (2)能够正确用纸 (3)在教师指导下能够掌握擦屁股的方法 (4)在教师的提示下大、小便排在便池里,便纸扔在纸篓里 2. 厕后整理: (1)在教师指导与提示下,便后能够简单地整理衣服 (2)在教师提示下便后自觉冲厕和洗手 3. 有如厕需求及时告知成人	1. 如厕要求: (1)活动前后及时提示幼儿大、小便 (2)指导并提示幼儿有序排队如厕 (3)指导幼儿正确用纸并掌握擦屁股的方法 (4)指导并提示幼儿大、小便排在便池里,便纸扔在纸篓里 2. 厕后整理: (1)指导并提示幼儿便后能够简单地整理衣服 (2)指导并提示幼儿便后自觉冲厕和洗手	1. 如厕要求: (1)活动前后及时提示幼儿大、小便 (2)指导并提示幼儿有序排队如厕、不打闹 (3)指导幼儿正确用纸并掌握擦屁股的方法 (4)指导并提示幼儿大、小便排在便池里,便纸扔在纸篓里 2. 厕后整理: (1)指导并提示幼儿便后能够简单地整理衣服 (2)指导并提示幼儿便后自觉冲厕和洗手	1. 为幼儿准备好卫生纸 2. 指导幼儿有序入厕并在便后冲厕、洗手 3. 鼓励、帮助幼儿整理衣服 4. 指导幼儿正确用纸并掌握擦屁股的方法,必要时给予帮助 5. 做好卫生间、盥洗室的卫生工作	1. 鼓励幼儿有大小便及时告知家长并主动如厕 2. 鼓励幼儿正确用纸并能够自己擦屁股 3. 提示幼儿大小便排在便池里,大小便纸扔在纸篓里 4. 鼓励幼儿便后能够简单的整理衣服 5. 提示幼儿便后自觉冲厕和洗手

环节		目标	幼儿生活习惯养成内容	主班教师指导要点	配班教师指导要点	保育教师指导要点	家园共育
睡眠环节	睡眠前环节	1. 在教师的提示下有序完成睡前准备活动 2. 在教师的安抚下，能够保持心情愉悦 3. 在教师的提示下有序整理好衣物 4. 在教师的提示下有初步安全意识，不带危险物品上床	1. 睡前准备： (1)在教师的提示下睡前如厕 (2)在教师的指导下换拖鞋并将鞋子摆放整齐，会自己脱衣服、叠衣服，女生摘解头饰 2. 身心准备： (1)在教师的提示下主动配合进行午检 (2)在教师的安抚下能够情绪安定，较快地进入睡眠状态	1. 睡前准备： (1)引导幼儿睡前如厕 (2)指导幼儿换拖鞋、脱外衣、外裤、叠放整齐后放在小椅子上，提示女生摘解头饰 2. 身心准备： (1)对幼儿进行午检：一摸(摸幼儿有无随身物品带上床)；二看(查看幼儿身体、手、足、口腔有无皮疹、疱疹或外伤，看幼儿精神状况)；三问(询问是否有身体不适感)；四查(对幼儿进行测温，查看是否体温异常)。同保健医具体要求 (2)安抚稳定幼儿情绪，帮助幼儿尽快入睡	1. 睡前准备： (1)引导幼儿睡前如厕 (2)指导幼儿换拖鞋，脱外衣、外裤，叠放整齐后放在小椅子上，提示女生摘解头饰 2. 身心准备： (1)教师对幼儿进行午检 (2)营造睡眠氛围，帮助幼儿尽快入睡	1. 引导幼儿睡前如厕 2. 打扫活动室、盥洗室卫生	1. 培养幼儿养成按时午睡的习惯 2. 鼓励幼儿睡前如厕并整理衣物，女生摘解头饰 3. 尝试引导幼儿睡前进行安静活动
	睡眠中环节	1. 在教师的引导下，能够安静入睡，并保持良好的睡姿 2. 在教师的提示下，如有需求告知教师	1. 睡眠礼仪：在教师的引导下独立入睡，不讲话、不打扰他人 2. 睡眠行为：在教师的引导下盖好被子，调整睡姿，如有特殊需求主动告知教师	1. 睡眠礼仪：引导幼儿安静入睡、不打扰他人 2. 睡眠行为： (1)引导幼儿盖好被子，保持良好睡姿，提醒幼儿不趴睡、不蒙头 (2)为有需求的幼儿及时提供帮助 3. 认真进行午检以及午睡中按规定时间进行巡视工作 4. 照顾体弱幼儿并提醒有尿床习惯的幼儿小便 5. 起床前 15 分钟左右，为幼儿准备午点			培养幼儿养成良好的午睡习惯，保持良好睡姿

环节		目标	幼儿生活习惯养成内容	主班教师指导要点	配班教师指导要点	保育教师指导要点	家园共育
睡眠环节	起床环节	1. 在教师的提示下按时起床,保持心情愉悦并有序完成如厕活动 2. 在教师的提示下整理好自己的衣物并将椅子搬回到固定位置 3. 在教师的提示下有序完成午点活动	1. 起床准备: (1)听音乐起床,幼儿与老师互相问好 (2)在教师的提示下自主如厕 2. 物品整理: (1)在教师的提示下穿好衣服,拖鞋放回固定位置 (2)能够搬椅子回到固定位置、如厕、梳头发 3. 午点内容:在教师的指导下洗手、饮适量水、吃水果	1. 起床准备: (1)播放起床音乐,引导幼儿与教师、同伴互相问好 (2)引导幼儿起床后自主如厕 2. 物品整理: (1)提示幼儿穿好衣服,拖鞋放回固定位置 (2)提示幼儿搬椅子回到固定位置,为女孩梳头发 3. 引导幼儿吃午点 (1)提示盥洗完的幼儿自取午点 (2)鼓励幼儿自己剥果皮,针对有需求幼儿给予帮助 (3)提示午点结束后清理桌面,并将果盘送回到固定位置 4. 组织适宜活动(轻音乐欣赏、故事、轻声交谈、渗透下个活动要求及注意事项等)	1. 起床准备: (1)引导幼儿与教师、同伴互相问好 (2)引导幼儿起床后自主如厕 2. 物品整理: (1)提示幼儿穿好衣服,拖鞋放回固定位置 (2)提示幼儿搬椅子回到固定位置,为女孩梳头发 3. 组织幼儿吃午点	1. 提示幼儿起床,协助幼儿穿好衣服、鞋 2. 待幼儿全部起床后,整理床上物品,清扫地面(对梳子、床围、床底进行清洁),开窗通风 3. 清洗消毒午餐盘	1. 培养幼儿养成按时起床的习惯 2. 提醒幼儿起床后自主如厕 3. 鼓励幼儿自主穿衣服,整理物品

环节	目标	幼儿生活习惯养成内容	主班教师指导要点	配班教师指导要点	保育教师指导要点	家园共育
离园环节	1. 在教师的引导下能够有序完成晚间的各项自主活动 2. 在教师的提示下能够与家长问好、与教师再见 3. 在教师的提示下能够具备基本的安全意识	1. 离园自理:在教师指导下能够将毛巾、水杯放回指定位置,整理仪容仪表,准备离园 2. 离园活动:在教师的提示下自主选择游戏 3. 离园安全:在教师的提示下有序离园,不跟陌生人走 4. 离园礼仪:晚离园能够主动、热情地与老师、同伴再见、不喧哗不打闹	1. 离园自理:指导幼儿毛巾、水杯放回指定位置,整理仪容仪表,准备离园 2. 离园活动:设计多样的安静游戏内容供幼儿自主选择,培养幼儿形成离园前安静游戏的习惯,保证幼儿安全 3. 离园安全: (1)对幼儿进行晚检:一摸(摸额头有无发热)二看(查看幼儿身体、手、足、口腔有无皮疹、疱疹或外伤,看幼儿精神状况)三问(询问是否有身体不适感)四查(对幼儿进行测温,查看是否体温异常) (2)教师组织幼儿有序排队 (3)遇到陌生人来接时,主动打电话求证,严格接送卡使用制度和非正常离园登记制度,保证幼儿安全 4. 离园礼仪:提醒幼儿晚离园能够主动、热情地与老师、同伴再见,不喧哗不打闹 5. 与个别幼儿家长进行交流,及时向家长反映幼儿在园情况 6. 做好交接班记录 7. 检查门窗、灯、水电是否关好 8. 最后离开班级教师打开班级消毒灯。	1. 离园自理:在活动室、盥洗室、衣帽间等重要地点来回巡视,观察指导幼儿有序进行离园自理活动 2. 离园活动:观察、指导幼儿自选玩具、游戏,保证幼儿安全 3. 离园安全: (1)对幼儿进行晚检 (2)组织幼儿有序排队 4. 离园礼仪:提醒幼儿晚离园能够主动、热情地与老师、同伴再见,不喧哗不打闹 5. 与个别幼儿家长进行交流,及时向家长反映幼儿在园情况 6. 检查门窗、灯、水电是否关好 7. 最后离开班级教师打开班级消毒灯	1. 全部幼儿在指定区域进行安静游戏后,打扫活动室、盥洗室等班内卫生 2. 幼儿离园后对班级进行整体清洁和消毒工作 3. 按消毒要求进行水杯、毛巾清洗消毒,并准备好幼儿次日所需物品 4. 做好消毒工作记录 5. 检查门窗、灯、水电是否关好 6. 最后离开班级教师打开班级消毒灯	1. 主动与他人打招呼,为幼儿树立榜样 2. 鼓励幼儿自主整理仪容仪表及衣物 3. 帮助幼儿树立安全意识。

(教师:王媛媛　张　月　洪　娜)

中班日常生活卫生习惯养成方法						
环节	目标	幼儿生活习惯养成内容	主班教师指导要点	配班教师指导要点	保育教师指导要点	家园共育
来园环节	1. 能够与教师热情问好、与家长再见 2. 能够有序完成晨间的各项自主活动。如:整理物品柜、摆放毛巾水杯、晨间劳动、游戏等 3. 愿意参与晨间劳动,能做自己力所能及的事,有初步的责任感	1. 晨间礼仪:早来园能够热情地向老师问好、与家长再见 2. 晨间自理:能够有序完成整理衣物放进物品柜、洗手后按标志放毛巾和水杯 3. 晨间劳动:如擦小椅子、照顾动植物、清洁教室表面卫生等 4. 晨间游戏:自主选择游戏和伙伴	1. 晨间礼仪: (1)教师站在教室门口迎接幼儿,并随机观察活动室内幼儿情况 (2)热情回应幼儿问好 (3)对幼儿进行晨检:一摸(摸额头有无发热)二看(查看幼儿身体、手、足、口腔有无皮疹、疱疹或外伤,看幼儿精神状况)三问(询问是否有身体不适感)四查(对幼儿进行测温,查看是否体温异常) 2. 晨间自理:观察幼儿是否能够按顺序完成整理物品柜、摆放毛巾水杯等,提醒幼儿将衣物叠好放整齐 3. 晨间劳动:观察幼儿进行擦小椅子、照顾动植物、擦拭教室表面卫生等活动,并适时给予指导 4. 晨间游戏:设计多样的游戏内容和区域活动供幼儿自主选择,巩固幼儿已形成的常态化游戏习惯,保证幼儿安全	1. 晨间礼仪:热情回应幼儿问好 2. 晨间自理:活动室、盥洗室、衣帽间等重要地点来回巡视,观察指导幼儿有序进行晨间自理活动 3. 晨间劳动: (1)清洁教室各处的表面卫生,指导幼儿进行晨间劳动 (2)观察、指导值日生工作(如果配班教师不在班中,主班教师与保育教师及时补位) 4. 晨间游戏:观察、指导幼儿自选玩具、游戏,保证幼儿安全	1. 开窗通风、做好教室各处的表面卫生、整理好各种物品、玩具 2. 按要求做好餐桌清、消、清的消毒工作,保证消毒液在桌面的滞留时间 3. 观察幼儿放毛巾水杯并适时给予指导 4. 观察、指导幼儿做好晨间自理和晨间劳动,确保幼儿活动安全	1. 早睡早起,鼓励幼儿自己穿衣服、刷牙、洗脸,高高兴兴上幼儿园 2. 鼓励幼儿热情与教师有礼貌地打招呼、与家长再见。

环节		目标	幼儿生活习惯养成内容	主班教师指导要点	配班教师指导要点	保育教师指导要点	家园共育
进餐环节	餐前环节	1. 能够自主、正确摆放椅子 2. 乐于参与值日生劳动 3. 能够有序完成餐前的盥洗活动并能够做到有序取餐	1. 餐前游戏:能够和小朋友、教师一起学习科普知识或进行餐前阅读 (1)科普时间:愿意在教师的鼓励下了解或分享科普小知识 (2)餐前阅读:能够在教师的提醒下安静聆听、简单分享故事或阅读图书 2. 餐前准备: (1)能够自主摆放椅子,愿意参与值日生活动,如摆放餐具、引导其他幼儿盥洗、介绍食谱等 (2)能够有序分组如厕、洗手,自主取餐后入位准备进餐 3. 取餐环节:能够有序并适量自主取餐。	1. 餐前游戏: (1)带领幼儿了解不同领域的知识,如认识蔬菜水果、交通工具、百科知识等 (2)引导幼儿自选图书或给同伴讲故事,教师观察指导 2. 餐前准备: (1)教师观察、指导幼儿自主摆放椅子。【左(右)侧椅子角与左(右)侧桌子腿对齐】 (2)用儿童化的语言介绍饭菜及其营养价值 (3)幼儿分组如厕、洗手,主班教师根据情况在盥洗室和活动室之间进行巡视 (4)观察指导幼儿有序排队,自主取餐 (5)主班教师以组织幼儿进行餐前游戏为主,三位教师及时补位,严禁孩子等饭	1. 餐前游戏:协助主班教师组织幼儿进行餐前游戏 2. 餐前准备: (1)观察、指导值日生: ①检查摆放小椅子。②穿罩衣、用流动水及香皂或洗手液洗手、擦手。③指导值日生发餐具,并将每桌中间放一块擦桌布 (2)观察、指导值日生站在盥洗室门口帮助洗手的小朋友放袖子 (3)观察、指导幼儿有序如厕后正确洗手,提醒洗完手的幼儿不能随便触摸,保持手的清洁卫生 (4)观察指导幼儿有序排队,自主取餐 (5)餐前游戏和餐前准备同步进行,三位教师及时补位。	1. 餐前准备: (1)对桌面、餐车进行消毒,食堂取碗(消毒液在桌面的滞留时间以园所规定为准) (2)协助配班教师指导值日生进行餐前准备 (3)穿戴好分餐专用围裙、帽子、套袖、口罩去取餐,严禁孩子等饭 2. 保育教师以为幼儿分餐为主,如果配班教师不在班,保育教师要承担指导值日生餐前准备的工作,三位教师及时补位 3. 观察、指导幼儿有序排队,自主取餐	1. 引导幼儿自主摆放椅子及餐具,鼓励幼儿帮助家长做充分的餐前准备 2. 鼓励幼儿养成饭前洗手的好习惯

环节		目标	幼儿生活习惯养成内容	主班教师指导要点	配班教师指导要点	保育教师指导要点	家园共育
进餐环节	餐中环节	1. 能够安静用餐 2. 能够正确使用筷子进餐 3. 有良好的进餐习惯	1. 进餐礼仪：伴随音乐或故事，安静进餐，不打扰他人 2. 进餐行为： (1)在教师的指导下正确使用筷子进餐；做到细嚼慢咽、不挑食、干稀搭配 (2)有添餐需求的幼儿可用手势示意老师	1. 进餐礼仪：播放音乐或故事观察、引导幼儿安静进餐 2. 配合保育老师分餐，照顾幼儿进餐 3. 进餐行为： (1)引导幼儿正确使用筷子，坐姿良好 (2)引导幼儿不挑食、细嚼慢咽、干稀搭配 (3)根据幼儿的需求及时为幼儿添餐	1. 进餐礼仪：观察、提醒幼儿安静进餐 2. 进餐行为： (1)引导幼儿正确使用筷子，坐姿良好 (2)提醒幼儿不挑食、细嚼慢咽、干稀搭配	1. 进餐礼仪： (1)观察幼儿安静进餐 (2)为幼儿介绍膳食及其营养价值 2. 对体弱儿和肥胖儿进行特殊照顾 3. 根据幼儿食量及具体情况指导值日生为幼儿分餐，观察幼儿自主取餐，提示幼儿选择适合自己的菜量 4. 进餐行为： (1)引导幼儿正确使用筷子，坐姿良好 (2)引导幼儿不挑食、细嚼慢咽、干稀搭配进餐 (3)根据幼儿的需求及时为幼儿添餐(中班上学期教师可帮助幼儿添餐，下学期可幼儿自主添餐)	1. 鼓励幼儿自主进餐 2. 指导幼儿正确使用筷子，坐姿良好 3. 向幼儿简单介绍膳食营养，鼓励幼儿不挑食、细嚼慢咽、干稀搭配，养成良好的饮食习惯

环节		目标	幼儿生活习惯养成内容	主班教师指导要点	配班教师指导要点	保育教师指导要点	家园共育
进餐环节	餐后环节	1. 能够主动并有序完成餐后整理活动 2. 能够有序进行餐后活动	1. 餐后整理: (1)餐后能够用桌布擦净桌面,把餐具分类整齐地放在指定位置 (2)能够使用正确的方法洗手、漱口、擦嘴、摆椅子 2. 餐后活动:能够进行有序的活动。	1. 餐后整理: (1)观察、指导幼儿用桌布擦净桌面 (2)观察、指导幼儿把餐具按要求放好(把碗放在盘子上,筷子横放在碗上,双手托住盘子并压住筷子,放到指定位置) (3)观察、指导幼儿用正确的方法洗手、漱口、擦嘴、摆椅子,以上顺序可以根据园所教室格局进行调整 ①擦嘴:用餐巾纸擦拭,擦一次对折一次,擦拭两至三次后,将餐巾纸揉成小球扔到垃圾桶 ②漱口:接取适量水,咕噜咕噜漱三口,弯腰吐水 2. 餐后活动: (1)早餐后:引导幼儿进行自主阅读、玩手头玩具等安静活动 (2)午餐后:到达指定地点进行散步,引导幼儿轻声交谈、安静散步 (3)晚餐后:指导幼儿有序进行离园准备	1. 餐后整理: (1)观察、指导幼儿用桌布擦净桌面 (2)观察、指导幼儿把餐具按要求放好 (3)观察、指导幼儿用正确的方法洗手、漱口、擦嘴、摆椅子 2. 餐后活动: (1)早晚餐后:组织幼儿进行有序的活动 (2)午餐后:准备接班,做好交接,如有无磕碰、有无其他状况等	1. 餐后整理: (1)观察、指导幼儿用桌布擦净桌面 (2)观察、指导幼儿把餐具按要求放好 (3)观察、指导幼儿用正确的方法洗手、漱口、擦嘴、摆椅子 (4)照顾仍在进餐的幼儿 2. 做好活动室桌面、地面卫生工作 3. 等全部幼儿用餐结束后送餐具 4. 早餐后取加餐,做好区域活动指导工作和教育活动前准备工作	1. 提醒幼儿用正确的方法洗手、漱口、擦嘴 2. 鼓励幼儿帮助家长收拾餐桌,并做一些力所能及的事情 3. 鼓励幼儿进行餐后散步活动

环节	目标	幼儿生活习惯养成内容	主班教师指导要点	配班教师指导要点	保育教师指导要点	家园共育
盥洗环节	1. 能够有序洗手擦手,掌握正确的洗手擦手方法 2. 有节约意识,能够做到节约用水,并能够提醒他人 3. 能够关注自己的仪容仪表,养成爱干净、爱整洁的好习惯	1. 做到有序排队、节约用水、文明洗手、不浪费清洁用品(如洗手液、香皂等) 2. 正确运用七步洗手法洗手 3. 掌握正确的擦手方法,能按标记取放毛巾 4. 在教师的帮助下自主整理仪容仪表	1. 观察、指导幼儿有序排队、节约用水、文明洗手 2. 观察、提示幼儿掌握正确的洗手流程(挽袖子→打开水龙头→把手冲湿→关紧水龙头→打适量香皂→七步洗手法→打开水龙头→冲洗干净→关紧水龙头→双手合拢→把水甩在水池内) 3. 观察、指导幼儿正确运用七步洗手法洗手 (1)洗手掌,流动水湿润双手,涂抹洗手液(或肥皂),掌心相对,手指并拢相互揉搓; (2)洗背侧指缝,手心对手背沿指缝相互揉搓,双手交换进行; (3)洗掌侧指缝,掌心相对,双手交叉沿指缝相互揉搓; (4)洗指背,弯曲各手指关节,半握拳把指背放在另一手掌心旋转揉搓,双手交换进行; (5)洗拇指,一手握另一手大拇指旋转揉搓,双手交换进行; (6)洗指尖,弯曲各手指关节,把指尖合拢在另一手掌心旋转揉搓,双手交换进行; (7)洗手腕、手臂,揉搓手腕、手臂,双手交换进行 4. 观察、指导幼儿能按标记取毛巾,打开,先擦一只手再擦另一只手,然后将毛巾挂到标记位置 5. 提示幼儿随时关注自身仪容仪表,并指导个别幼儿进行自主整理	1. 观察、指导幼儿有序排队、节约用水、文明洗手 2. 教师组织适宜活动,如故事、音乐欣赏、轻声交流等 3. 观察、指导幼儿掌握正确的洗手流程 4. 观察、指导幼儿正确运用七步洗手法洗手 5. 观察、指导幼儿能按标记取放毛巾,擦手 6. 提示幼儿随时关注自身仪容仪表,并指导个别幼儿进行自主整理	1. 观察幼儿有序排队、节约用水、文明洗手 2. 观察幼儿掌握正确的洗手流程 3. 观察、指导幼儿用七步洗手法洗手 4. 观察幼儿能按标记取放毛巾擦手 5. 提示幼儿随时关注自身仪容仪表,并指导个别幼儿进行自主整理 6. 干燥天气时提示幼儿涂抹护手霜 7. 做好盥洗室、洗手台台面及镜子的卫生工作	1. 指导幼儿节约用水、文明洗手 2. 指导幼儿用正确的洗手流程及七步洗手法洗手 3. 指导幼儿用自己的毛巾,并按照正确方法擦手,不与他人混用毛巾 4. 天气干燥提示幼儿涂抹护手霜 5. 指导幼儿正确洗脸,有良好的脸部清洁习惯,保持脸部的清洁卫生

环节	目标	幼儿生活习惯养成内容	主班教师指导要点	配班教师指导要点	保育教师指导要点	家园共育
喝水环节	1. 能够有序地按标记取放水杯 2. 能够自主接适量的水,并安静回到固定位置 3. 能够做到随渴随喝	1. 饮水前: (1)能够到指定位置正确拿取水杯 (2)能够自己接好水双手握紧水杯回到固定位置 2. 饮水中:能够安静饮水,水全部喝完 3. 饮水后: (1)能够清洁桌面,把水杯放回固定位置 (2)能够做到随渴随喝	1. 饮水前: (1)观察、提示幼儿能够到指定位置拿取水杯 (2)观察、提示幼儿有序接水,适量取水后,双手握紧水杯回到固定位置 (3)采取适宜策略鼓励幼儿多喝水 2. 饮水中:观察、提示幼儿安静饮水,水全部喝完 3. 饮水后: (1)提示幼儿做到随渴随喝 (2)提示幼儿饮水后将水杯放回固定位置 注:幼儿每天需满足800—1000 毫升饮水量	1. 饮水前: (1)观察、提示幼儿能够到指定位置拿取水杯 (2)观察、提示幼儿有序接水,适量取水后双手握紧水杯回到固定位置 (3)组织适宜活动,如故事、音乐欣赏、轻声交流等 (4)采取适宜策略鼓励幼儿多喝水 2. 饮水中:观察、提示幼儿安静饮水,水全部喝完 3. 饮水后: (1)提示幼儿做到随渴随喝 (2)提示幼儿饮水后将水杯放回固定位置	1. 提前为幼儿准备干净毛巾放在桌子中间 2. 提示幼儿到固定位置拿取水杯 3. 观察、提示幼儿有序接水,提醒幼儿适量取水后,双手握紧水杯回到固定位置 4. 观察、提示幼儿清洁桌面,把水杯放回固定位置 5. 提前准备好清洗毛巾的专用器皿,观察、指导幼儿清洁毛巾	1. 鼓励幼儿多喝水,随渴随喝。(建议幼儿每天饮水800 - 1000毫升) 2. 提示幼儿用自己固定的水杯喝水 3. 提示幼儿安静饮水,水全部喝完 4. 提示幼儿喝水后能够清洁桌面
如厕环节	1. 能够做到有序如厕,不打闹 2. 能够自主如厕,并掌握正确的如厕方法 3. 便后能够自主整理衣服,主动洗手,有问题能够主动找教师帮忙	1. 如厕要求: (1)能够有序排队如厕、不打闹 (2)能够正确并节约用纸 (3)能够自主擦屁股 (4)能够大小便排在便池里,便纸扔在纸篓里 2. 厕后整理: (1)能够做到便后整理衣服 (2)便后能够自觉冲厕和洗手 3. 有如厕需求及时告知成人	1. 如厕要求: (1)活动前后及时提醒幼儿大小便 (2)观察、提示幼儿有序排队如厕、不打闹 (3)观察、提示幼儿正确并节约用纸 (4)观察、提示幼儿自主擦屁股 (5)观察、提示幼儿大小便排在便池里,便纸扔在纸篓里 2. 厕后整理: (1)观察、提示幼儿便后整理衣服 (2)观察、提示幼儿便后自觉冲厕和洗手	1. 如厕要求: (1)活动前后及时提示幼儿大小便 (2)提示幼儿有序排队如厕、不打闹 (3)提示幼儿是否学会正确并节约用纸 (4)提示幼儿自主擦屁股 (5)提示幼儿大小便排在便池里,便纸扔在纸篓里 2. 厕后整理: (1)提示幼儿便后能够整理衣服 (2)提示幼儿便后自觉冲厕和洗手	1. 为幼儿准备好卫生纸 2. 提示幼儿有序入厕,便后冲厕并洗手 3. 观察、提示幼儿整理衣服 4. 观察、提示幼儿正确用纸、正确擦屁股的方法,必要时给予幼儿帮助 5. 做好卫生间、盥洗室的卫生工作	1. 鼓励幼儿有大小便及时告知家长并主动如厕 2. 提示幼儿正确并节约用纸,能够自主擦屁股 3. 提示幼儿大小便排在便池里,便纸扔在纸篓里 4. 提示幼儿便后能够简单地整理衣服 5. 提示幼儿便后自觉冲厕和洗手

环节		目标	幼儿生活习惯养成内容	主班教师指导要点	配班教师指导要点	保育教师指导要点	家园共育
睡眠环节	睡眠前环节	1. 能够有序完成睡前准备活动 2. 能够保持心情愉悦 3. 能够自主、有序脱、叠衣物，女孩能够自主摘解头饰。有需要能够主动找教师帮忙 4. 有一定的安全意识，不带危险物品上床	1. 睡前准备： (1) 能够做到睡前如厕 (2) 能够换拖鞋并将鞋子摆放整齐，会自己脱衣服、叠衣服，女生摘解头饰 2. 身心准备： (1) 能够主动配合教师进行午检 (2) 能够情绪安定，较快地进入睡眠状态	1. 睡前准备： (1) 观察、提示幼儿睡前如厕 (2) 观察、提示幼儿换拖鞋、脱外衣、外裤、叠放整齐后放在小椅子上，提示女生摘解头饰 2. 身心准备： (1) 对幼儿进行午检：一摸(摸幼儿有无随身物品带上床)二看(查看幼儿身体、手、足、口腔有无皮疹、疱疹或外伤，看幼儿精神状况)三问(询问是否有身体不适感)四查(对幼儿进行测温，查看是否体温异常) (2) 安抚稳定幼儿情绪，帮助幼儿尽快入睡	1. 睡前准备： (1) 观察、提示幼儿睡前如厕 (2) 观察、提示幼儿换拖鞋、脱外衣、外裤、叠放整齐后放在小椅子上，提示女生摘解头饰 2. 身心准备： (1) 教师对幼儿进行午检 (2) 营造睡眠氛围，帮助幼儿尽快入睡	1. 观察、提示幼儿睡前如厕 2. 打扫活动室、盥洗室卫生	1. 培养幼儿养成按时午睡的习惯 2. 鼓励幼儿睡前如厕并自主整理衣物，女生摘解头饰 3. 鼓励幼儿睡前进行安静活动
	睡眠中环节	1. 有较好的睡眠习惯，不趴睡、不蒙头睡等，保持安静不影响他人 2. 有需求告知教师	1. 睡眠礼仪：能够独立入睡，不讲话、不打扰他人 2. 睡眠行为：能够盖好被子，调整睡姿，如有特殊需求主动告知教师	1. 睡眠礼仪：观察、提醒幼儿安静入睡、不打扰他人 2. 睡眠行为： (1) 提醒幼儿盖好被子，保持良好睡姿，提醒幼儿不趴睡、不蒙头 (2) 为有需求的幼儿及时提供帮助 3. 认真进行午检以及午睡中按规定时间进行巡视工作 4. 照顾体弱儿并提醒有尿床习惯的幼儿小便 5. 起床前 15 分钟，为幼儿准备午点			培养幼儿养成良好的午睡习惯，保持良好睡姿

环节		目标	幼儿生活习惯养成内容	主班教师指导要点	配班教师指导要点	保育教师指导要点	家园共育
睡眠环节	起床环节	1. 听到提示后按时起床,保持心情愉悦并有序完成如厕活动 2. 能够自主穿着并整理好衣物,有需求主动找教师帮忙 3. 安静吃午点,能够自主剥皮、去籽等,有需求能够主动找教师帮忙	1.起床准备: (1)听音乐起床,幼儿与老师、同伴互相问好 (2)能够自主如厕 2.物品整理: (1)能够穿好衣服,拖鞋放回固定位置 (2)能够搬椅子回到固定位置、如厕、梳头发 3.午点:能够洗手、饮适量水,吃水果	1.起床准备: (1)播放起床音乐,提示幼儿与教师、同伴互相问好 (2)提示幼儿起床后自主如厕 2.物品整理: (1)观察、提示幼儿穿好衣服,拖鞋放回固定位置 (2)提示幼儿搬椅子回到固定位置,为女孩梳头 3.提示幼儿吃午点: (1)提示盥洗完的幼儿自取午点 (2)提示幼儿自己剥皮、去籽 (3)午点结束后观察幼儿清理桌面,并将果盘送回到固定位置 4.组织适宜活动(轻音乐欣赏、故事、轻声交谈、渗透下个活动要求及注意事项等)	1.起床准备: (1)提示幼儿与教师、同伴互相问好 (2)提示幼儿起床后自主如厕 2.物品整理: (1)观察提示幼儿穿好衣服并将拖鞋放回固定位置 (2)观察提示幼儿搬椅子回到固定位置,为女孩梳头 3.提示幼儿吃午点	1.观察、提示幼儿穿好衣服、鞋 2.待幼儿全部起床后,整理床上物品,清扫地面(对梳子、床围、床底进行清洁),开窗通风 3.清洗消毒午餐盘	1.培养幼儿养成按时起床的习惯 2.提醒幼儿起床后自主如厕 3.提醒幼儿自主穿衣服,整理物品

环节	目标	幼儿生活习惯养成内容	主班教师指导要点	配班教师指导要点	保育教师指导要点	家园共育
离园环节	1. 能够有序完成晚间的各项自主活动 2. 能够做到与家长问好、与教师再见 3. 有良好的安全意识	1. 离园自理:能够将毛巾、水杯放回指定位置,整理仪容仪表,准备离园 2. 离园活动:能够自主选择游戏,帮助教师做力所能及的事情 3. 离园礼仪:晚离园能够主动、热情地与老师、同伴再见,不喧哗不打闹 4. 离园安全:能够做到有序排队,按教师提示离园不跟陌生人走	1. 离园自理:观察、提醒幼儿将毛巾、水杯放回指定位置,整理仪容仪表,准备离园 2. 离园活动:设计多样的安静游戏内容供幼儿自主选择,培养幼儿形成离园前安静游戏习惯,保证幼儿安全 3. 离园安全: (1) 对幼儿进行晚检:一摸(摸额头有无发热)二看(查看幼儿身体、手、足、口腔有无皮疹、疱疹或外伤,看幼儿精神状况)三问(询问是否有身体不适感)四查(对幼儿进行测温,查看是否体温异常) (2) 教师组织幼儿有序排队 (3) 遇到陌生人来接时,主动打电话求证,严格接送卡使用制度和非正常离园登记制度,保证幼儿安全 4. 离园礼仪:提醒幼儿晚离园能够主动、热情地与老师、同伴再见,不喧哗不打闹 5. 与个别幼儿家长进行交流,及时向家长反映幼儿在园情况 6. 做好交接班记录 7. 检查门窗、灯、水电是否关好 8. 最后离开班级教师打开班级消毒灯。	1. 离园自理:在活动室、盥洗室、衣帽间等重要地点来回巡视,观察提醒幼儿有序进行离园自理活动 2. 离园活动:观察、提醒幼儿自选玩具、游戏,保证幼儿安全 3. 离园安全: (1)进行晚检 (2) 组织幼儿有序排队 4. 离园礼仪:提醒幼儿晚离园能够主动、热情地与老师、同伴再见,不喧哗不打闹 5. 与个别幼儿家长进行交流,及时向家长反映幼儿在园情况 6. 检查门窗、灯、水电是否关好 7. 最后离开班级教师打开班级消毒灯	1. 全部幼儿在指定区域进行安静游戏后,打扫活动室,盥洗室等班内卫生 2. 幼儿离园后对班级进行整体清洁和消毒工作 3. 按消毒要求进行水杯、毛巾清洗消毒,并准备好幼儿次日所需物品 4. 做好消毒工作记录 5. 检查门窗、灯、水电是否关好 6. 最后离开班级教师打开班级消毒灯	1. 主动与他人打招呼,为幼儿树立榜样 2. 鼓励幼儿自主整理仪容仪表及衣物 3. 帮助幼儿树立安全意识。

(教师:耿蕊 邱梦 刘莎)

大班日常生活卫生习惯养成方法						
环节	目标	幼儿生活习惯养成内容	主班教师指导要点	配班教师指导要点	保育教师指导要点	家园共育
来园环节	1. 主动与老师热情问好,与家长再见 2. 熟练、有序完成晨间的各项自主活动。如:分类整理物品柜等 3. 愿意参与晨间劳动,主动与同伴分工合作共同完成清洁教室表面卫生	1. 晨间礼仪:早来园能够主动、热情地向老师同伴问好、与家长再见 2. 晨间自理:能够熟练有序完成分类整理物品柜、洗手后放毛巾和水杯 3. 晨间劳动:如擦小椅子、照顾动植物、清洁教室表面卫生 4. 晨间游戏:自主选择游戏、伙伴或晨间阅读	1. 晨间礼仪: (1)指导“值日生”站在教室门口迎接幼儿,并随机观察活动室内幼儿情况 (2)热情回应幼儿主动问好 (3)对幼儿进行晨检:一摸(摸额头有无发热)二看(查看幼儿身体、手、足、口腔有无皮疹、疱疹或外伤,看幼儿精神状况)三问(询问是否有身体不适感)四查(对幼儿进行测温,查看是否体温异常) 2. 晨间自理:观察幼儿是否能够熟练有序完成分类整理物品柜、摆放毛巾水杯等 3. 晨间劳动:观察幼儿是否能够与同伴进行分工合作共同完成照顾动植物、清洁教室表面卫生等活动 4. 晨间游戏:鼓励幼儿提前规划游戏内容和形式,支持幼儿自主设计晨间游戏	1. 晨间礼仪:热情回应幼儿主动问好 2. 晨间自理:在活动室、盥洗室、衣帽间等重要地点来回巡视,观察幼儿是否熟练有序进行晨间自理活动 3. 晨间劳动: (1)清洁教室各处的表面卫生,观察幼儿进行晨间劳动 (2)观察值日生工作(如果配班教师不在班中,主班教师与保育教师及时补位) 4. 晨间游戏:观察、支持幼儿游戏,保证幼儿安全	1. 开窗通风、做好教室各处的表面卫生、整理好各种物品、玩具 2. 做好餐桌清、消、清的消毒工作,保证消毒液在桌面的滞留时间 3. 观察幼儿放毛巾、水杯 4. 观察、指导幼儿做好晨间自理和晨间劳动,确保幼儿活动安全	1. 早睡早起,鼓励幼儿自己提前准备好衣服、自主穿衣服、刷牙、洗脸,高高兴兴上幼儿园 2. 来园路上可以多找一些话题与幼儿沟通谈论,或者聊一聊今天在幼儿园的游戏规划与畅想等 3. 鼓励幼儿热情与教师有礼貌地打招呼、与家长再见。

环节		目标	幼儿生活习惯养成内容	主班教师指导要点	配班教师指导要点	保育教师指导要点	家园共育
进餐环节	餐前环节	1. 主动、有序地完成餐前各项准备活动。如:主动摆放椅子、参与餐前游戏等 2. 熟练与同伴分工合作,完成值日生劳动内容 3. 自主、有序地盥洗取餐	1. 餐前游戏: (1)新闻时间:积极分享时事新闻、百科小知识等 (2)餐前阅读:专注聆听、简单分享故事或阅读图书 2. 餐前准备: (1)熟练完成值日生劳动内容,如:摆放餐具、引导其他幼儿盥洗、介绍食谱等 (2)自主、有序地分组如厕、洗手后入位,准备进餐 3. 取餐环节:能够有序并适量自主取餐,并能够积极帮助有需要的同伴	1. 餐前游戏: (1)支持幼儿分享自己了解的时事新闻、百科知识等 (2)支持幼儿自主选择图书或给同伴讲故事,教师随机进行观察指导 2. 餐前准备: (1)观察值日生是否能够熟练完成劳动内容,鼓励幼儿用连贯清晰的语言介绍饭菜及其营养价值 (2)幼儿分组如厕、洗手时主班教师根据情况在盥洗室和活动室之间进行巡视 (3)观察幼儿是否能够有序排队,适量取餐 (4)主班教师与幼儿进行餐前游戏,三位教师及时补位,严禁孩子等饭	1. 餐前游戏:支持幼儿进行餐前游戏 2. 餐前准备: (1)观察值日生是否能够熟练完成劳动内容 (2)请值日生站在盥洗室门口帮助洗手的小朋友放袖子并进行检查 (3)观察幼儿是否轮流有序如厕及正确洗手 (4)观察幼儿是否有序排队,适量取餐 (5)餐前游戏和餐前准备同步进行,三位教师及时补位	1. 餐前准备: (1)对桌面、餐车进行消毒,食堂取碗(消毒液在桌面的滞留时间以园所规定为准) (2)观察值日生是否能够熟练完成劳动内容 2. 穿戴好分餐专用围裙、帽子、套袖、口罩去取餐,严禁孩子等饭 3. 保育教师协助幼儿有序排队、自主盛餐,三位教师及时补位	1. 鼓励幼儿自主摆放椅子及餐具,熟练帮助家长做力所能及的餐前准备 2. 引导幼儿养成饭前洗手的好习惯

环节		目标	幼儿生活习惯养成内容	主班教师指导要点	配班教师指导要点	保育教师指导要点	家园共育
进餐环节	餐中环节	1. 能够熟练使用筷子,并做到安静进餐 2. 养成良好的进餐习惯	1. 进餐礼仪:伴随音乐或故事,安静进餐,不打扰他人 2. 进餐行为: (1)能够熟练使用筷子进餐,并做到细嚼慢咽、不挑食、干稀搭配 (2)能根据自身需求,适量自主添餐	1. 进餐礼仪:播放音乐或故事时观察幼儿安静进餐 2. 观察幼儿是否能够自主盛餐 3. 进餐行为: (1)观察幼儿是否能够熟练使用筷子 (2)观察幼儿细嚼慢咽、干稀搭配、自主进餐的情况 (3)支持幼儿根据需求自主添餐	1. 进餐礼仪:观察幼儿安静进餐,不打扰他人进餐 2. 进餐行为: (1)提醒幼儿正确使用筷子,坐姿良好 (2)观察幼儿细嚼慢咽、干稀搭配、自主进餐的情况	1. 进餐礼仪: (1)观察幼儿安静进餐 (2)为幼儿介绍当餐膳食及其营养价值 2. 对体弱儿和肥胖儿进行特殊照顾 3. 观察幼儿是否能够根据自己的食量及具体情况自主盛饭 4. 进餐行为: (1)观察幼儿是否能够熟练使用筷子 (2)观察幼儿细嚼慢咽、干稀搭配、自主进餐的情况 (3)提示幼儿自主添餐	1. 鼓励幼儿自主盛饭,为家人分餐 2. 指导幼儿熟练使用筷子 3. 向幼儿介绍当餐膳食,鼓励幼儿细嚼慢咽、干稀搭配

环节		目标	幼儿生活习惯养成内容	主班教师指导要点	配班教师指导要点	保育教师指导要点	家园共育
进餐环节	餐后环节	1. 能够自主有序地完成餐后收拾整理及盥洗活动 2. 能够自主有序进行餐后活动,并做到同伴间相互提醒	1. 餐后整理: (1)餐后能够熟练整理桌面、地面卫生 (2)熟练使用正确方法洗手、漱口、擦嘴、摆椅子 2. 餐后活动:能够自主有序地进行活动。	1. 餐后整理: (1)观察幼儿是否能够主动、熟练地整理桌面及地面卫生 (2)观察幼儿用正确方法洗手、漱口、擦嘴、摆椅子,以上顺序可以根据园所教室格局调整 2. 餐后活动: (1)早餐后:观察幼儿自主进行区域游戏 (2)午餐后:观察幼儿进行自主散步,防止出现交往冲突、剧烈运动等情况 (3)晚餐后:观察幼儿自主有序地进行离园准备	1. 餐后整理: (1)观察幼儿是否能够主动、熟练地整理桌面及地面卫生 (2)观察幼儿用正确方法洗手、漱口、擦嘴、摆椅子 2. 餐后活动: (1)早晚餐后:观察幼儿进行自主有序的活动 (2)午餐后:准备接班,做好交接,如:有无磕碰、有无其他状况	1. 餐后整理: (1)观察幼儿是否能够主动、熟练地整理桌面及地面卫生 (2)观察幼儿用正确方法洗手、漱口、擦嘴、摆椅子 (3)照顾仍在进餐的幼儿 2. 做好活动室桌面、地面的卫生工作 3. 等全部幼儿用餐结束后送餐具 4. 早餐后取加餐,做好区域活动指导工作和教育活动前准备工作	1. 鼓励幼儿用正确方法洗手、漱口、擦嘴 2. 鼓励幼儿主动进行餐后整理 3. 与幼儿共同进行餐后散步

环节	目标	幼儿生活习惯养成内容	主班教师指导要点	配班教师指导要点	保育教师指导要点	家园共育
盥洗环节	1. 能够主动有序地洗手、擦手 2. 有较强的节约意识,能够做到节约用水,并提醒他人 3. 能够关注自身仪容仪表,并主动整理	1. 能够主动有序排队、节约用水、文明洗手、不浪费清洁用品(如:洗手液、香皂等),并能够提醒他人 2. 能够熟练运用七步洗手法洗手 3. 能够正确擦手,并按标记取放毛巾 4. 能够随时关注自身仪容仪表,并进行自主整理	1. 观察幼儿主动有序排队、节约用水、文明洗手 2. 观察幼儿是否熟练运用七步洗手法洗手 3. 观察幼儿是否能按标记取毛巾、擦手并将毛巾挂到标记位置 4. 观察幼儿是否关注自身仪容仪表	1. 观察幼儿主动有序排队、节约用水、文明洗手、不浪费清洁用品(如:洗手液、香皂等),并能够提醒他人 2. 观察幼儿活动,如故事、音乐欣赏、轻声交流等 3. 观察幼儿是否熟练运用七步洗手法洗手 4. 观察幼儿是否能按标记取放毛巾,擦手 5. 观察幼儿是否关注自身仪容仪表	1. 观察幼儿主动有序排队、节约用水、文明洗手、不浪费清洁用品(如:洗手液、香皂等),并能够提醒他人 2. 观察幼儿是否熟练运用七步洗手法洗手 3. 观察幼儿能按标记取放毛巾,擦手 4. 观察幼儿是否关注自身仪容仪表 5. 干燥天气时关注幼儿是否能够主动涂抹护手霜 6. 做好盥洗室、洗手台台面及镜子的卫生工作	1. 鼓励幼儿节约用水、文明洗手 2. 鼓励幼儿用正确的洗手流程及七步洗手法洗手 3. 鼓励幼儿用自己的毛巾,并按照正确方法擦手,不混用毛巾 4. 干燥天气时提醒幼儿涂抹护手霜 5. 鼓励幼儿正确洗脸,有良好的清洁习惯,保持脸部清洁

环节	目标	幼儿生活习惯养成内容	主班教师指导要点	配班教师指导要点	保育教师指导要点	家园共育
喝水环节	1. 能够自主、有序按照标记取放水杯 2. 能够自主、有序接适量的水，并安静回到固定座位 3. 能够自主饮水，并做到随渴随喝	1. 饮水前： (1)能够自主到指定位置拿取水杯 (2)自主接好水双手握紧水杯回到固定位置 2. 饮水中：自主做到观察幼儿是否能够专注饮水，水全部喝完 3. 饮水后： (1)能够熟练自主地清洁桌面，把水杯放回固定位置 (2)做到随渴随喝	1. 饮水前： (1)观察幼儿是否能够自主到指定位置拿取水杯 (2)观察幼儿是否能够有序接水，适量取水后双手握紧水杯回到固定位置 (3)采取适宜策略鼓励幼儿多喝水 2. 饮水中：观察幼儿是否能够专注饮水并全部喝完 3. 饮水后： (1)提示幼儿做到随渴随喝 (2)提示幼儿饮水后将水杯放回固定位置 注：幼儿每天需满足800—1000毫升饮水量	1. 饮水前： (1)观察幼儿是否能够自主到指定位置拿取水杯 (2)幼儿进行自主活动，如故事、音乐欣赏、轻声交流等，教师观察并给予需要的支持 (3)采取适宜策略鼓励幼儿多喝水 2. 饮水中：观察幼儿是否能够专注饮水并全部喝完 3. 饮水后： (1)提示幼儿做到随渴随喝 (2)提示幼儿饮水后将水杯放回固定位置	1. 提前为幼儿准备干净毛巾放在固定位置 2. 观察幼儿到固定位置拿取水杯 3. 观察幼儿是否能够有序接水，并适量取水后，回到固定位置 4. 观察幼儿是否保持桌面、地面整洁，并把水杯放回固定位置	1. 鼓励幼儿自主饮水，并做到随渴随喝。(建议幼儿每天饮水800—1000毫升) 2. 提示幼儿用自己固定的水杯喝水，并做到专注饮水 3. 提示幼儿喝水后能够清洁桌面

环节	目标	幼儿生活习惯养成内容	主班教师指导要点	配班教师指导要点	保育教师指导要点	家园共育
如厕环节	1. 能够自主遵守如厕规则 2. 便后能够熟练地整理衣物，主动洗手，养成良好的卫生习惯	1. 如厕要求： (1)能够自主有序如厕，不打闹，遵守如厕规则 (2)能够节约用纸 (3)自主使用正确的方法擦屁股 (4)熟练自主地做到大小便排在便池里，便纸扔在纸篓里 2. 厕后整理： (1)便后能够熟练整理衣服 (2)便后自觉冲厕和洗手	1. 如厕要求： (1)观察幼儿是否遵守如厕规则 (2)观察幼儿是否能够节约用纸 (3)观察幼儿正确擦屁股的方法 (4)观察幼儿大小便排在便池里，便纸扔在纸篓里 2. 厕后整理：观察幼儿便后是否能够整理衣服及自觉冲厕和洗手	1. 如厕要求： (1)观察幼儿是否遵守如厕规则 (2)观察幼儿是否能够节约用纸 (3)观察幼儿正确擦屁股的方法 (4)观察幼儿大小便排在便池里，便纸扔在纸篓里 2. 厕后整理：观察幼儿便后是否能够整理衣服及自觉冲厕和洗手	1. 为幼儿准备好卫生纸 2. 观察幼儿是否遵守如厕规则 3. 观察幼儿便后是否能够整理衣服及自觉冲厕和洗手 4. 观察幼儿是否正确用纸、正确擦屁股 5. 做好卫生间、盥洗室的卫生工作	1. 提示节约用纸，并能够自己擦屁股 2. 鼓励幼儿大小便排在便池里，便纸扔在篓里 3. 鼓励幼儿便后能够简单地整理衣服 4. 鼓励幼儿便后自觉冲厕和洗手

<table>
<tr><th colspan="2">环节</th><th>目标</th><th>幼儿生活习惯养成内容</th><th>主班教师指导要点</th><th>配班教师指导要点</th><th>保育教师指导要点</th><th>家园共育</th></tr>
<tr><td rowspan="2">睡眠环节</td><td>睡眠前环节</td><td>1. 熟练有序地完成睡前准备活动
2. 能够保持心情愉悦
3. 能够熟练有序地脱、叠衣物，女孩能够自主摘解头饰。在别人有需要时，能够主动提供帮助
4. 有安全意识，不带危险物品上床</td><td>1. 睡前准备：
(1) 睡前自主如厕
(2) 熟练自主地换拖鞋并将鞋子摆放整齐，会自己脱衣服、叠衣服，女生摘解头饰
2. 身心准备：
(1) 主动配合午检
(2) 能够情绪安定，较快地进入睡眠状态</td><td>1. 睡前准备：
(1) 观察幼儿睡前如厕
(2) 观察幼儿换拖鞋、脱外衣、外裤、叠放整齐后放在小椅子上，提示女生摘解头饰
2. 身心准备：
(1) 对幼儿进行午检：一摸(摸幼儿有无随身物品带上床)二看(查看幼儿身体、手、足、口腔有无皮疹、疱疹或外伤，看幼儿精神状况)三问(询问是否有身体不适感)四查(对幼儿进行测温，查看是否体温异常)
(2) 安抚稳定幼儿情绪，帮助幼儿尽快入睡</td><td>1. 睡前准备：
(1) 观察幼儿睡前如厕
(2) 观察幼儿换拖鞋、脱外衣、外裤、叠放整齐后放在小椅子上，提示女生摘解头饰
2. 身心准备：
(1) 配合主班教师对幼儿进行午检
(2) 营造睡眠氛围，帮助幼儿尽快入睡</td><td>1. 观察幼儿睡前如厕
2. 打扫活动室、盥洗室卫生</td><td>1. 培养幼儿养成按时午睡的习惯
2. 提示幼儿睡前如厕并自主整理衣物，女生摘解头饰
3. 鼓励幼儿睡前进行安静活动</td></tr>
<tr><td>睡眠中环节</td><td>1. 有良好的睡眠习惯，能够安静、主动入睡，不影响他人
2. 遇到问题主动告知教师</td><td>1. 睡眠礼仪：独立入睡，不讲话、不打扰他人
2. 睡眠行为：主动盖好被子，调整睡姿，遇到问题主动告知教师</td><td>1. 睡眠礼仪：观察幼儿安静入睡、不打扰他人
2. 睡眠行为：
(1) 提醒幼儿盖好被子，保持良好睡姿、不趴睡、不蒙头
(2) 及时关注有需求的幼儿并给予帮助
3. 认真进行午检以及午睡中按规定时间进行巡视工作
4. 起床前15分钟左右，为幼儿准备午点</td><td></td><td></td><td>培养幼儿养成良好的午睡习惯，保持良好睡姿</td></tr>
</table>

环节		目标	幼儿生活习惯养成内容	主班教师指导要点	配班教师指导要点	保育教师指导要点	家园共育
睡眠环节	起床环节	1. 熟练整理衣物,并主动帮助有需要的同伴 2. 安静吃午点,能够熟练自主地剥皮、去子等,并主动帮助有需要的同伴	1. 起床准备: (1)听音乐起床,幼儿与老师、同伴互相问好 (2)起床后自主完成如厕 2. 物品整理: (1)主动整理被褥 (2)自主穿好衣服,拖鞋放回固定位置 (3)尝试自主梳头发 3. 午点内容:自主洗手、饮适量水、吃水果	1. 起床准备: (1)播放起床音乐,提示幼儿与教师、同伴互相问好 (2)观察幼儿起床后自主如厕 2. 物品整理: (1)观察并协助幼儿整理被褥 (2)观察幼儿穿好衣服,拖鞋放回固定位置 (3)观察幼儿自主梳头发 3. 观察幼儿吃午点: (1)盥洗完的幼儿自取午点 (2)观察幼儿自己剥果皮,并主动清理桌面及地面 4. 组织适宜活动(轻音乐欣赏、故事、轻声交谈、渗透下个活动要求及注意事项等)	1. 起床准备: (1)观察幼儿与教师、同伴互相问好 (2)观察幼儿起床后自主如厕 2. 物品整理: (1)观察并协助幼儿整理被褥 (2)观察幼儿穿好衣服,拖鞋放回固定位置 (3)观察幼儿搬椅子回到固定位置,随机帮助幼儿梳头 3. 组织幼儿吃午点	1. 观察幼儿穿好衣服、鞋子,拖鞋放回固定位置 2. 待幼儿全部起床后,整理床上物品,清扫地面(对梳子、床围、床底进行清洁),开窗通风 3. 清洗消毒午餐盘	1. 培养幼儿养成按时起床的习惯 2. 提醒幼儿自主穿衣服,整理物品

环节	目标	幼儿生活习惯养成内容	主班教师指导要点	配班教师指导要点	保育教师指导要点	家园共育
离园环节	1. 能够熟练有序完成晚间的各项自主活动 2. 能够热情主动与小朋友、老师再见 3. 有较强的安全意识	1. 离园自理:熟练有序地将毛巾、水杯放回指定位置,整理仪容仪表,准备离园 2. 离园活动:自主选择游戏,主动帮助教师做力所能及的事情 3. 离园礼仪:晚离园能够主动、热情地与老师、同伴再见,不喧哗不打闹 4. 离园安全:有序排队离园,不跟陌生人走	1. 离园自理:观察、提醒幼儿将毛巾、水杯放回指定位置,整理仪容仪表,准备离园 2. 离园活动:设计多样的安静游戏内容供幼儿自主选择,培养幼儿形成离园前安静游戏习惯,保证幼儿安全 3. 离园安全: (1)对幼儿进行晚检。一摸(摸额头有无发热)二看(查看幼儿身体、手、足、口腔有无皮疹、疱疹或外伤,看幼儿精神状况)三问(询问是否有身体不适感)四查(对幼儿进行测温,查看是否体温异常) (2)教师组织幼儿自主有序排队 (3)遇到陌生人来接时,主动打电话求证,严格接送卡使用制度和非正常离园登记制度,保证幼儿安全 4. 离园礼仪:提醒幼儿晚离园能够主动、热情地与老师、同伴再见,不喧哗不打闹 5. 与个别幼儿家长进行交流,及时向家长反馈幼儿在园情况 6. 做好交接班记录 7. 检查门窗、灯、水电是否关好 8. 最后离开班级教师打开班级消毒灯。	1. 离园自理:在活动室、盥洗室、衣帽间等重要地点来回巡视,观察幼儿有序进行离园自理活动 2. 离园活动:观察幼儿自选玩具、游戏,保证幼儿安全 3. 离园安全: (1)对幼儿进行晚检 (2)组织幼儿有序排队 4. 离园礼仪:提醒幼儿晚离园能够主动、热情地与老师、同伴再见,不喧哗不打闹 5. 与个别幼儿家长进行交流,及时向家长反映幼儿在园情况 6. 检查门窗、灯、水电是否关好 7. 最后离开班级教师打开班级消毒灯	1. 等全部幼儿在指定区域进行安静游戏后,打扫活动室、盥洗室等班内卫生 2. 幼儿离园后对班级进行整体清洁和消毒工作 3. 按消毒要求进行水杯、毛巾清洗消毒,并准备好幼儿次日所需物品 4. 做好消毒工作记录 5. 检查门窗、灯、水电是否关好 6. 最后离开班级教师打开班级消毒灯	1. 主动与他人打招呼,为幼儿树立榜样 2. 鼓励幼儿自主整理仪容仪表及衣物 3. 帮助幼儿树立安全意识。

(教师:邱亚楠 马 荟 臧思凡)

第二节 社会交往习惯培养规范

小班社会行为习惯养成方法					
内容		目标	具体行为表现	教师指导策略	家园共育
社会行为	爱国行为	1. 知道国旗的外形特征、学会演唱国歌,听到国歌响起就愿意跟唱国歌 2. 在提示下初步做到只要有国旗升旗的地方就立正行注目礼 3. 喜欢过传统节日,过节时愿意听成人讲述有关传统节日的故事、习俗,乐意制作节日美食或工艺品 4. 愿意倾听成人讲述家庭、家乡、祖国的传统故事、红色故事,知道自己是中国人	1. 在成人的提示下,见到国旗时愿意表达对国旗的认识,听到国歌时愿意跟唱国歌 2. 遇到升国旗、奏国歌时就会立正站好行注目礼 3. 与教师、同伴、家人一起过传统节日时开心,用简短的语言或词汇与他人谈论传统节日的故事、习俗,动手制作节日美食或工艺品 4. 愿意专注倾听教师、同伴、家人讲述家庭、家乡、祖国的传统故事、红色故事,并乐于交流 5. 大胆向周围人介绍自己是中国人	1. 带领幼儿参加每周升旗仪式,共同跟唱国歌时立正站好,提示幼儿行注目礼 2. 创设传统节日庆祝氛围,讲述传统节日文化背景,还原传统节日庆祝方式,利用沉浸式的体验感受传统节日庆祝过程 3. 经常为幼儿讲述家乡、祖国的传统故事、红色故事,在幼儿心中种下一颗爱国的种子 4. 经常为幼儿讲述中国人的外貌特征、英雄人物和优秀品质的故事,逐渐使幼儿感受到作为一名中国人很开心 5. 经常倾听幼儿对家乡、传统节日、传统故事、红色故事及英雄人物等内容的表达以及爱家人、爱家乡情感的流露	1. 有机会带领幼儿到天安门观看升旗仪式,感受升国旗的仪式感 2. 每逢节日为幼儿讲述传统节日文化习俗,家庭成员共同体验节日的庆祝过程,烘托欢快的家庭节日氛围 3. 经常带领幼儿到博物馆、名胜古迹参观游览,向幼儿介绍家乡的物产和特点等 4. 建立家庭阅读时间,经常为幼儿讲述传统故事、红色故事以及英雄人物故事等,逐渐使幼儿感受到作为一名中国人很开心

内容		目标	具体行为表现	教师指导策略	家园共育
社会行为	礼貌行为	1. 能够在成人提醒下使用礼貌用语 2. 能认真听长辈讲话,并能听从长辈要求 3. 能在成人提醒下做到不打扰别人的休息或活动 4. 能够在上、下楼梯,进出门时,在成人的提醒下礼让对方 5. 能够礼貌做客	1. 见到熟悉的人时,在成人提醒下愿意眼睛看着对方打招呼问好,离开时说再见 2. 长辈讲话时,认真倾听,不随意打断 3. 无意中打扰到别人休息或活动时,能在提醒下立即停止 4. 在成人带领下上下楼梯时,靠右行走,礼让他人 5. 做客时,能在家长的提醒下主动问好、轻声游戏,没有得到允许时不随意动他人的物品	1. 利用生活场景或者情景游戏,培养幼儿用恰当的礼貌用语打招呼 2. 在角色扮演活动中,培养幼儿认真倾听他人讲话并能听清长辈要求 3. 经常在午睡、教育活动、区域活动时提示幼儿不大声说话,不打扰别人 4. 经常开展谈话、故事等活动,引导幼儿知道上下楼梯、进出门时要礼让 5. 通过故事、情景表演、角色游戏等活动,引导幼儿知道做客时的礼貌	1. 在做客或有客人来访的时候,鼓励幼儿用恰当的礼貌用语打招呼 2. 与幼儿交谈时,耐心倾听幼儿讲话,为幼儿树立良好的榜样 3. 提示幼儿不在家人午休、接听电话、交谈时大声说话,愿意保持安静 4. 与幼儿外出时,家长主动做到礼让他人 5. 带幼儿做客时,提示幼儿在主人家中不大声喊叫、不乱跑、不随意动他人的物品

内容		目标	具体行为表现	教师指导策略	家园共育
社会行为	交往行为	1. 愿意和小朋友一起游戏,不争抢、不独霸玩具 2. 在成人的提示下能礼貌、友好地向同伴提出加入游戏的请求 3. 能在与同伴发生矛盾或冲突时听从成人的劝解	1. 经常发起和同伴的互动,游戏过程中愉快,不跟同伴争抢玩具,有需要主动请成人帮助 2. 想参与同伴游戏时,学会提出请求,得到允许后加入游戏 3. 游戏中与同伴发生矛盾或冲突时,在成人的劝解下较快地平复情绪,愿意和解	1. 结合生活中教育契机或创设游戏情境,开展谈话或讲故事活动,引导幼儿理解和感受别人的想法 2. 老师引导幼儿学会运用情景游戏、请求短语、扮演角色等方式加入同伴游戏 3. 利用小视频、情景再现等方式让幼儿知道如何友好解决问题。幼儿发生矛盾时,及时安抚幼儿情绪,了解矛盾发生的原因,公平对待每一位幼儿,帮助幼儿互相取得谅解	1. 教育幼儿不抢其他小朋友的玩具,需要征得他人同意才能玩 2. 鼓励幼儿多参与同伴游戏,帮助幼儿大胆说出请求 3. 幼儿与同伴发生矛盾时,及时安抚双方情绪,帮助幼儿和解,鼓励幼儿继续游戏
	助人行为	1. 能在成人的指导下,关心、体贴身边的人 2. 能关爱残疾人,并在成人的指导下去帮助他们	1. 身边的人生病或不开心时,主动询问,表示关心 2. 生活中看到残疾人时,向成人了解残疾人的情况,并与成人一起以自己的方式表示关心帮助	1. 经常为幼儿讲述助人为乐的故事,带领幼儿进行互帮互助的游戏 2. 带领幼儿观看录像、图片、情境等进一步了解残疾人,引导幼儿感受残疾人生活的不便,激发幼儿关爱残疾人的意愿	1. 当有长辈或亲友生病时,引导幼儿主动关心 2. 生活中遇到残疾人时,告诉幼儿残疾人的情况,如果幼儿愿意主动帮助,要支持幼儿的行为

内容		目标	具体行为表现	教师指导策略	家园共育
社会行为	环保行为	1. 在成人的指导下,有初步的节约行为,并能够进行简单的垃圾分类 2. 了解绿色出行方式,愿意绿色出行 3. 认识常见的动植物,有初步的保护意识	1. 在成人鼓励下,不剩饭、不随意丢弃还能重复使用的纸张,盥洗时及时关闭水龙头,经常与成人一起进行垃圾分类投放 2. 日常生活中,在成人带领下选择绿色出行 3. 在成人提醒下爱护花草树木,保护小动物	1. 利用教育活动、生活活动帮助幼儿认识粮食、纸张和水电资源对人和动植物的重要作用 2. 通过墙饰、玩教具等方式开展垃圾分类活动,引导幼儿分类投放垃圾 3. 带领幼儿了解绿色出行的方式,对绿色出行的幼儿给予鼓励 4. 利用教育活动和植物角,引导幼儿认识生活中常见的动植物,学会照顾并爱护它们	1. 家长以身作则,生活中节约用水、用电,鼓励幼儿光盘行动,带领幼儿进行垃圾分类 2. 根据需求尽量选择绿色方式出行 3. 提醒幼儿爱护动植物,及时收好产生的垃圾
	活动规则	1. 能初步理解、遵守活动中的规则 2. 能根据自己的兴趣愿意去承担一些小任务,自己的事情自己做 3. 在成人提醒下遵守活动规则,与同伴友好相处	1. 在日常生活或集体活动中不大声喧哗、随意追跑,当成人提醒时,立即改正不正确的行为 2. 活动后,在教师指导下将物品放回原位 3. 在成人的鼓励下完成自己感兴趣的事,自己的事情自己做,喜欢承担一些小任务 4. 在成人提示下,理解并遵守游戏规则	1. 通过游戏、儿歌、故事等引导幼儿逐步养成遵守规则的意识,活动中提示幼儿不大声喧哗、随意追跑;及时纠正有危险的行为 2. 通过环境引导、语言指导,帮助幼儿养成将物品、玩具放回原位的习惯 3. 鼓励幼儿自己的事情自己做,并及时给予指导和肯定 4. 活动前向幼儿介绍规则和要求,通过环境、材料提示幼儿遵守规则	1. 与幼儿观看图书、公共场所的标志,了解规则的重要性 2. 在家中为幼儿准备各类收纳箱,与幼儿一起进行收纳活动,定期整理、修补幼儿的物品,引导幼儿爱惜物品 3. 通过故事、聊天等形式鼓励幼儿自己的事情自己做,对幼儿完成一件小任务时提出表扬 4. 成人与幼儿游戏时共同遵守活动规则并对幼儿良好的行为给予肯定

内容		目标	具体行为表现	教师指导策略	家园共育
社会行为	安全规则	1. 入离园时不乱跑，知道上下楼梯慢行，不带危险物品 2. 在室内活动时，不追跑打闹，不用尖锐的物品对着别人 3. 在户外活动时，不远离集体，不独自活动 4. 知道不随便吃陌生人给的东西，不跟陌生人走 5. 不使用危险物品，遇到火灾、地震等紧急情况有初步的躲避、逃生意识	1. 入园、离园时在成人提醒下有序排队，上下楼梯；有玩具等物品主动交给教师保管 2. 室内活动时，按照规则使用物品与工具，不在室内追跑打闹 3. 户外活动时，积极跟本班幼儿与教师一起参与集体活动 4. 遇到陌生人搭话时，立即寻求成人帮助 5. 远离危险物品，不拿它们作为玩具	1. 通过教育活动、谈话活动，引导幼儿掌握入园、离园规则 2. 通过儿歌、童谣的形式，让幼儿知道上下楼梯的安全规则 3. 利用教育契机，安全教育活动等形式，与幼儿讨论活动中的规则，提高幼儿安全意识 4. 通过播放视频、情景表演、故事等方式，让幼儿知道远离危险物品	1. 家长按时接送幼儿，接送路上注意安全，有情况时及时与教师、幼儿进行沟通 2. 为幼儿创造上下楼梯的机会，关注幼儿上下楼梯安全 3. 带幼儿外出时，不远离幼儿，时刻确保幼儿在自己的视线范围内 4. 通过故事等形式教育幼儿不跟陌生人走，不吃陌生人给的食物，不拿陌生人给的东西 5. 家长利用绘本故事、情景等方式告诉幼儿不玩危险物品、不做危险动作
	公共场所规则	1. 在成人引导下遵守公共场所的规则 2. 在成人引导下爱惜公共场所的设备设施	1. 在成人引导下，遵守公共场所的规则 2. 在成人引导下，不做破坏公共场所设施的事情	1. 利用多种活动方式，引导幼儿在公共场所用适量的声音说话，不追跑打闹，在成人的引导下有序排队 2. 帮助幼儿了解公共场所的物品，不能随意破坏，要爱惜	1. 成人通过示范、语言等方式引导幼儿遵守公共场所规则 2. 在公共场所时引导幼儿爱惜公共设施
	交通规则	1. 能在成人的引导下遵守基本的交通规则 2. 乘坐交通工具时，能在成人提醒下遵守乘车规则	1. 在成人的带领下过马路时要看信号灯、走斑马线、不追逐打闹 2. 乘坐交通工具时，在成人的提醒下，不在车里玩耍打闹，不将身体部位伸出车外	1. 通过创设情境等多种形式，引导幼儿学会看红绿灯、走斑马线过马路 2. 开展安全教育活动，引导幼儿了解乘车的规则	1. 成人自觉遵守交通规则，并随时提醒幼儿遵守交通规则 2. 利用实际出行或情景模拟等方式，引导幼儿乘坐交通工具时要坐在安全的位置，不能随意乱动或把身体部位伸出车窗外

（教师：王　洋　王美英　王慧慧）

中班社会行为习惯养成方法					
内容		目标	具体行为表现	教师指导策略	家园共育
社会行为	爱国行为	1. 知道国旗、国徽是国家的象征，愿意参加升旗仪式，能够声音洪亮地跟唱国歌 2. 在听到国歌或遇见升国旗时能够做到自动站好行注目礼，并跟唱国歌 3. 喜欢过传统节日，愿意倾听或讲述传统节日的故事、习俗 4. 愿意与成人谈论家庭、家乡、祖国的传统故事、红色故事及英雄人物，为自己是中国人感到骄傲和自豪	1. 在不同的情境中能够表达国旗、国徽是中国的象征，听到国歌时能够声音洪亮跟唱国歌 2. 遇到升国旗或奏国歌时能够立正站好行注目礼 3. 乐于与身边人谈论自己了解的传统节日的故事、风俗，并喜欢动手制作节日美食或工艺品 4. 乐于与教师、同伴、家人谈论家庭、家乡、祖国的传统故事、红色故事以及英雄人物故事，并大胆表达自己的想法 5. 自豪地向他人介绍自己是中国人	1. 观看升国旗视频引导幼儿了解升国旗的意义，体验升国旗的仪式感 2. 组织幼儿参加每周升旗仪式，带领幼儿声音洪亮跟唱国歌，立正站好向国旗行注目礼 3. 创设传统节日庆祝氛围，讲述传统节日文化背景，还原传统节日庆祝方式，利用沉浸式的体验感受传统节日庆祝过程，分享节日美食或制作工艺品 4. 经常与幼儿谈论家乡、祖国的传统故事、红色故事以及英雄人物故事，使幼儿逐渐产生文化自豪感 5. 与幼儿讨论国内重大新闻，如：神舟飞船升空、北京奥运会等，使幼儿感受作为一名中国人的骄傲与自豪	1. 带领幼儿到天安门观看升旗仪式，感受升国旗的庄严仪式 2. 每逢节日与幼儿谈论传统节日文化习俗，家庭成员共同体验节日的庆祝过程，烘托欢快的家庭节日氛围，感受传统节日的乐趣 3. 经常带领幼儿到博物馆、名胜古迹等参观游览，向幼儿详细介绍家乡的物产和特点等，鼓励幼儿大胆表达自己的认知和情感 4. 建立家庭阅读时间，经常为幼儿讲述传统故事、红色故事以及英雄人物故事等，与幼儿讨论国内重大新闻，帮助幼儿增加对祖国的认识，使幼儿感受作为一名中国人的骄傲和自豪

内容		目标	具体行为表现	教师指导策略	家园共育
社会行为	礼貌行为	1. 能够在不同的情况下主动使用礼貌用语,别人对自己说话时能够积极主动回应 2. 能够用礼貌的方式向长辈表达自己的需求和想法,并征求同意 3. 知道别人休息、做事时,轻声慢步不打扰 4. 知道上下楼梯,进出门时要右行礼让 5. 能够礼貌做客,不随意动他人物品	1. 在各种情况下,主动使用礼貌用语打招呼,并积极回应他人 2. 与长辈讲话时使用礼貌用语,有需求和想法时征求长辈同意 3. 在别人休息、做事时注意轻声说话、走路,有不打扰别人的意识 4. 在上下楼梯或进出门时,礼让对方先行 5. 做客时主动礼貌问好、安静游戏,经过允许后再使用他人物品	1. 对幼儿与同伴、老师的礼貌行为及时表扬,支持幼儿的合理想法和要求 2. 通过教育活动、谈话、故事等形式,培养幼儿不随意打扰他人休息的好习惯 3. 经常引导幼儿礼让他人,鼓励幼儿养成礼貌行为 4. 通过谈话、故事、角色游戏等活动,引导幼儿了解做客的礼貌行为,掌握礼貌用语	1. 建立良好的家风,引导幼儿在不同情况下使用礼貌用语,对幼儿的合理想法和需求给予支持 2. 及时鼓励幼儿在家人休息、接听电话或成人交谈时保持安静的行为 3. 家长带领幼儿上下楼梯、进出门时,主动礼让他人 4. 做客前,在家中与幼儿共同商定做客时的礼貌行为,并鼓励幼儿坚持做到,对幼儿的良好表现及时给予肯定

内容		目标	具体行为表现	教师指导策略	家园共育
社会行为	交往行为	1. 喜欢和小朋友一起游戏，有经常一起玩的小伙伴 2. 能轮流、分享玩具，会运用简单技巧加入同伴游戏 3. 能在提醒和帮助下和平解决与同伴发生的冲突，活动时愿意接受同伴的意见和建议 4. 不欺负弱小，受到欺负能主动告知成人并寻求帮助	1. 主动和喜欢的小伙伴一起游戏，有自己的好朋友 2. 游戏中主动与同伴交换玩具、轮流玩；想加入游戏时，说明自己的想法或主动交换玩具，征得同伴的同意 3. 与同伴发生冲突时，接受长辈或同伴的劝说，和平解决 4. 不欺负弱小的同伴，受到欺负时，以正当的方式寻求帮助	1. 与幼儿谈论他的好朋友，说一说为什么喜欢跟他一起玩 2. 教师创设游戏情景或角色扮演，引导幼儿用正确的方法加入游戏，在游戏中肯定幼儿的行为 3. 指导幼儿尝试用协商、交换、轮流玩、合作等方式解决冲突，引导幼儿换位思考 4. 结合幼儿的交往经验，与幼儿一起讨论怎样让别人接纳自己，受到欺负时应该如何面对或寻求帮助	1. 满足幼儿与同伴一起游戏的需求，为幼儿提供游戏空间和时间 2. 鼓励幼儿经常主动拿出自己的玩具和同伴一起玩，并大胆地表达自己加入游戏的想法 3. 在幼儿与同伴发生冲突时给予正确引导，鼓励幼儿和平解决 4. 引导幼儿爱护比自己弱小的弟弟妹妹，不欺负比自己小的同伴，受到欺负主动告知家长
	合作行为	1. 能够在教师的引导下，与同伴进行合作游戏 2. 在成人的引导下协商，共同解决问题 3. 能有意识地与同伴共同完成任务 4. 遇到困难无法解决时，能够主动寻求帮助	1. 活动时，接受他人的意见和建议，共同完善操作的方法 2. 遇到困难时，与他人共同商讨解决方案并实施 3. 看到同伴需要帮助时，尝试提出自己的想法，共同完成任务 4. 在遇到自己无法解决的困难时，向他人寻求帮助	1. 利用多种合作类的活动，帮助幼儿掌握合作的方法 2. 遇到困难时，教师不急于介入，为幼儿提供协商解决问题的机会，并对幼儿良好合作行为及时给予鼓励 3. 教师为幼儿提供不同难度的任务，鼓励幼儿充分表达自己的想法	1. 让幼儿多参与到家庭劳动中，体验合作的重要性 2. 家长树立榜样作用，与幼儿一起协商承担家庭事务 3. 为幼儿创造合作的机会，提示幼儿先协商、再分工、后合作
内容		目标	具体行为表现	教师指导策略	家园共育

内容		目标	具体行为表现	教师指导策略	家园共育
社会行为	助人行为	1. 喜欢帮助身边的人，有关心、体贴的表现 2. 能够关注到残疾人生活的不便，有帮助的意识和行为	1. 看到身边的人有困难时主动询问并给予安慰和帮助 2. 在遇到生活不便的残疾人时，表示关心，想要帮助	1. 通过多种形式鼓励幼儿与身边的人互帮互助，做力所能及的事 2. 利用录像、图片等形式让幼儿了解残疾人，并能与同伴讨论残疾人生活的不便，激发幼儿主动帮助残疾人的意愿	1. 与幼儿一起阅读以助人为乐为主题的图书，鼓励幼儿为身边的人分担力所能及的事 2. 帮助幼儿了解残疾人生活的不便，当幼儿提出想帮助残疾人时，给予支持
	环保行为	1. 在提醒下能做到节约粮食、纸张、水电资源 2. 会将生活中常见的垃圾进行分类，愿意利用可回收物 3. 根据需要选择绿色出行方式，喜欢低碳出行 4. 愿意选择可重复使用的餐具和环保袋 5. 喜欢观察照顾动植物，爱护动植物	1. 吃饭时适量取餐、节约粮食，平时收集可以重复利用的纸张，节约用水，知道离开屋子要随手关灯 2. 将生活中常见的垃圾分类投放，在成人帮助下利用可回收物制作玩具或其他物品 3. 经常与成人一起步行或骑车出行，有需要时尽量乘坐公共交通工具，喜欢绿色出行方式 4. 在生活中选择可以重复使用的餐具和环保袋 5. 爱护并照顾动植物	1. 为幼儿提供可以重复使用的纸张和废旧物品制作玩教具，组织幼儿讨论节约的方法，帮助幼儿养成良好的节约习惯 2. 通过多种形式展现垃圾分类的重要作用，鼓励幼儿将垃圾分类投放，开展“垃圾分类小明星”等活动 3. 开展“绿色出行”打卡活动，鼓励幼儿来园时选择绿色出行方式 4. 经常开展环保主题活动，帮助幼儿了解环保物品的好处 5. 鼓励幼儿观察照顾动植物，认识野生动物与人和环境的关系，鼓励幼儿保护野生动物	1. 进餐时，家长与幼儿一起做到适量取餐，光盘行动，节约粮食 2. 生活中，带领幼儿进行垃圾分类，共同收集可回收物再利用 3. 积极参加幼儿园组织的“绿色出行”打卡活动，为幼儿做榜样；出门时按需选择适合的绿色出行方式 4. 减少或不用一次性餐具和塑料袋，为幼儿提供可代替的环保物品，鼓励幼儿选择并使用 5. 与幼儿一同照顾家中的动植物，多参观植物园、动物园、博物馆等，增加幼儿对动植物的相关知识

内容		目标	具体行为表现	教师指导策略	家园共育
社会行为	活动规则	1. 感受规则的意义，能理解和遵守生活中的基本规则 2. 敢于尝试有一定难度的活动和任务，能按照自己的想法进行并努力完成任务. 3. 愿意遵守活动规则，有一定的自控能力	1. 有初步的规则意识，并按照规则进行活动 2. 在集体活动中有意识倾听活动规则和教师的提示，主动遵守并控制自己的行为 3. 坚持完成有一定难度的活动和任务	1. 通过情景体验、区域游戏等途径，引导幼儿体会规则在各种活动中的重要性，初步形成规则意识，并学会控制自己的情绪和行为 2. 在设计活动时，根据幼儿年龄特点与个体差异，设计不同层次的活动，鼓励幼儿尝试有一定难度的任务并坚持自己完成	1. 结合社会生活实际，帮助幼儿了解基本行为规则或其他活动规则，经常和幼儿玩带有规则的游戏，遵守共同约定的游戏规则 2. 在安全的情况下，鼓励幼儿挑战有难度的任务，引导幼儿多尝试。当幼儿挑战成功时给予鼓励和表扬 3. 与幼儿共同制定并遵守家庭公约，感受规则的重要性
	安全规则	1. 上下楼梯有序慢行 2. 在室内活动中不追跑打闹，不拿危险的物品对着同伴 3. 在户外活动时，不远离集体；掌握户外玩具的正确玩法，能主动躲避危险 4. 不接受陌生人给的物品，遇到陌生人搭讪立即离开 5. 不独自使用危险物品，遇到火灾、地震等紧急情况知道基本的自救方法	1. 上下楼梯有序排队，不追跑打闹 2. 在室内活动时，掌握工具材料的正确使用方法，不做危险的事情 3. 户外活动时，能按要求进行活动，并在活动中主动躲避危险 4. 遇到陌生人搭话，保持警惕，不拿陌生人给的物品 5. 不玩尖锐物品，远离危险物品	1. 提示幼儿正确上下楼梯，跟随老师和同伴排好队进出 2. 通过情境创设、经历分享等方式，帮助幼儿认识到坚硬物品的危险性 3. 通过教育活动、视频、图示等方式带领幼儿认识各种危险行为，在活动前与幼儿一同讨论安全要求，提示幼儿遵守规则 4. 通过安全教育活动、安全演练等方式，帮助幼儿建立安全意识，远离危险物品	1. 接送幼儿时，家长主动遵守接送秩序，注意接送安全。有突发情况，提前告知班级教师 2. 帮助幼儿掌握上下楼梯的正确方法 3. 提示幼儿注意室内外活动安全，避免危险发生 4. 通过小游戏等让幼儿熟知家长的电话和家庭地址，知道如何正确求助，不听信陌生人的话 5. 利用情境、亲子游戏等，带领幼儿共同寻找家中的安全隐患，引导幼儿远离危险物品

内容		目标	具体行为表现	教师指导策略	家园共育
社会行为	公共场所规则	1. 能基本遵守公共场所的规则 2. 爱惜公共场所的设备设施	1. 在成人提醒下，基本遵守公共场所的秩序和规则 2. 不随意破坏公共场所设施	1. 引导幼儿学会在不同情况下遵守相应的公共秩序和规则 2. 通过不同的方式引导幼儿知道公共设施的重要性，知道爱惜公共设施	1. 家长以身作则并及时肯定幼儿遵守公共场所规则的行为 2. 通过体会公共设施的作用，引导幼儿感受公共设施的重要性，并爱护公共设施
	交通规则	1. 能遵守基本的交通规则，有一定的安全意识 2. 知道乘坐不同交通工具的安全规则，并愿意遵守	1. 过马路前观察车辆，交通信号灯，跟随成人安全过马路 2. 乘坐交通工具时，不在车里玩耍打闹，不将身体部位伸出车外	1. 以游戏的方式鼓励幼儿亲身体验，增强幼儿遵守交通规则的意识 2. 通过多种形式加强幼儿对乘车安全规则的认识	1. 与幼儿一起观察信号灯的变化，走斑马线，引导幼儿了解并遵守基本的交通规则 2. 借助绘本故事、视频等方式加深幼儿对乘车规则的认识，鼓励幼儿能基本遵守乘车安全规则

（教师：王欣培　王　京　王宇露）

大班社会行为习惯养成方法					
内容		目标	具体行为表现	教师指导策略	家园共育
社会行为	爱国行为	1. 尊重国旗、国徽,并有保护国旗、国徽的意识和行为,知道国旗、国徽、国歌都是祖国的象征 2. 了解升国旗、唱国歌的礼仪,能够熟练演唱国歌 3. 在听到国歌或遇见升国旗时能够做到自动站好行注目礼,并熟练演唱国歌 4. 了解传统节日的意义,乐于向身边人讲述传统节日的故事、习俗 5. 乐于与他人分享家庭、家乡、祖国的传统故事、红色故事以及英雄人物故事,感受作为一名中国人的骄傲与自豪	1. 在生活中能够保护国旗、国徽,如不踩踏、不损毁国旗、国徽,使用后要及时保存好 2. 遇到升国旗或奏国歌时能够立正站好行注目礼,熟练的演唱国歌 3. 大胆、自信向身边人分享自己了解的传统节日的故事、风俗,并积极动手制作节日美食或工艺品 4. 关心时事新闻,乐于与同伴分享自己关注家庭、家乡、祖国的传统故事、红色故事、英雄人物故事以及时事新闻,并大胆表达自己的想法 5. 自豪地介绍自己是中国人,并简单描述祖国的特色与文化	1. 每周升旗仪式中,开展国旗下讲话的活动,设计不同的讲话主题,为幼儿提供宣传中国传统文化的机会,鼓励幼儿大胆表达对祖国的热爱之情 2. 创设传统节日庆祝氛围,讲述传统节日文化背景,还原传统节日庆祝方式,利用沉浸式的体验感受传统文化的魅力,活动中主动分享节日美食或自制的工艺品 3. 建立常态化的爱国宣讲活动,鼓励幼儿分享自己关注的家庭、家乡、祖国的传统故事、红色故事、英雄人物故事,使幼儿感受祖国的强大,体会作为一名中国人的骄傲与自豪 4. 每天开展"新闻播报"活动,帮助幼儿养成关注新闻的好习惯,完整讲述新闻内容	1. 带领幼儿到天安门观看升旗仪式,感受升国旗的庄严仪式 2. 每逢节日为幼儿讲述传统节日文化习俗,家庭成员共同体验节日的庆祝过程,烘托欢快的家庭节日氛围,感受传统节日的乐趣 3. 经常带领幼儿到博物馆、名胜古迹及祖国各地等参观浏览,鼓励幼儿介绍祖国的文化、物产和特点等,萌发幼儿对祖国的热爱之情 4. 建立家庭阅读时间,倾听幼儿讲述或与幼儿谈论传统故事、红色故事以及英雄人物故事 5. 与幼儿谈论国内重大新闻,帮助幼儿增加对祖国的认识,使幼儿感受作为一名中国人的骄傲和自豪

内容		目标	具体行为表现	教师指导策略	家园共育
社会行为	礼貌行为	1. 能在各种场合正确使用文明礼貌用语主动与人交往 2. 能够主动做到并提示同伴不打扰别人休息或学习 3. 能够在上、下楼梯和进出门时主动做到右行礼让 4. 能够礼貌做客，与同伴友好相处、知道谦让	1. 在各种场合使用正确的礼貌用语，对长辈使用尊称，对同伴有礼貌 2. 在他人休息、学习时保持安静，发现同伴有不当行为及时提醒 3. 上下楼梯和进出门时，礼让对方先行 4. 做客时，使用正确的礼貌用语问好，与主人和家中的小伙伴一起游戏，互相谦让	1. 通过儿歌、故事等形式，帮助幼儿掌握各种正确的礼貌用语，并鼓励幼儿在生活中尝试运用 2. 通过多种激励形式，肯定幼儿不打扰他人休息和学习的良好行为 3. 教师示范先行，持续关注并巩固幼儿的礼让行为	1. 家长注意自己的言行，对幼儿使用得当的礼貌用语和文明行为及时给予肯定 2. 家长有意识地做到家人休息、学习时不打扰，并经常提示幼儿，对幼儿的正确行为及时给予鼓励和肯定 3. 家长示范先行，及时肯定并鼓励幼儿的礼让行为 4. 经常带幼儿到亲朋好友家中走访，或邀请朋友来家中做客，鼓励幼儿礼貌地与他人交往，互相谦让

内容		目标	具体行为表现	教师指导策略	家园共育
社会行为	交往行为	1. 有自己的好朋友，也喜欢结交新朋友，能想办法吸引同伴和自己一起游戏 2. 知道别人的想法有时和自己不一样，能倾听和接受别人的意见，不能接受时能主动说明理由，能正确对待游戏中的输赢 3. 不欺负别人，也不允许别人欺负自己，遇到事情能够尝试独立解决	1. 有要好的朋友，遇到小朋友会主动打招呼、介绍自己，邀请他参与自己的游戏 2. 与同伴意见不一致时，主动说出自己的想法，征得同伴的理解，接受与自己不同的想法，不能接受时说出自己的理由，面对输赢时不急躁，欣然接受 3. 不欺负别人，遇到稍有困难的事自己先想办法尝试解决，当别人欺负自己时，不害怕，大胆面对或找成人帮助	1. 为幼儿创造结交新朋友的机会，组织幼儿一起讨论结交新朋友的方法，一起谈谈他的好朋友，发现好朋友的优点 2. 幼儿与同伴游戏发生冲突时，引导幼儿通过倾听了解他人的想法和意见，意见不同时，鼓励幼儿耐心地说出自己的想法和理由；引导幼儿正确面对游戏中的输赢 3. 通过故事、情境表演等形式，引导幼儿不欺负别人，知道被别人欺负的时候不害怕，以正确的方式面对，尝试独立解决问题	1. 经常带领幼儿到小区或朋友家中，为幼儿创造认识新朋友的机会 2. 在生活中，遇到幼儿与他人的想法发生冲突时，鼓励幼儿与成人协商解决 3. 利用故事、动画片等多种方式，引导幼儿学习正确交往方式和交往的技巧。通过谈话聊天的方式了解幼儿交往的想法，帮助幼儿形成良好的交往习惯 4. 引导幼儿面对游戏中的输赢时不闹情绪，争取下一次的胜利 5. 引导幼儿不欺负别人，受到欺负时学会正确的处理方式，并及时告知家长。在生活中，多为幼儿创造能独立尝试解决问题的机会

内容		目标	具体行为表现	教师指导策略	家园共育
社会行为	合作行为	1. 经常与同伴合作游戏或探究 2. 合作活动遇到困难时,主动出主意、想办法,相互帮助,能够通过协商自主解决矛盾	1. 活动时主动用玩具、语言邀请等方式吸引其他小朋友跟自己进行合作性的游戏 2. 遇到问题时,和同伴一起讨论、尝试解决问题的方法,共同完成游戏或任务 3. 在合作游戏中,遇到与别人的看法不同时,敢于表达自己的意见并说出理由	1. 为幼儿提供需要共同完成的活动,让幼儿体会合作的重要性,学会分工合作 2. 通过平行指导的方式,以同伴的身份参与幼儿活动,完成较难的任务 3. 在各种活动中,为幼儿创设发表自己想法的机会与环节,鼓励幼儿大胆提出自己的解决方法	1. 通过游戏、做家务等方式与幼儿一起完成任务,并在活动过程中,引导幼儿学会与别人一起解决问题 2. 经常带幼儿与其他小朋友玩,给幼儿提供自主解决问题的机会,与幼儿一起讨论解决问题的方法,鼓励幼儿大胆表达
	助人行为	1. 能关注别人的情绪和需要,并给予力所能及的帮助 2. 能够关注到残疾人的需求,并主动给予力所能及的帮助	1. 关注他人的情绪和需求,主动询问并给予帮助 2. 看到人有困难时,以自己的方式给予帮助,不歧视残疾人	1. 充分利用谈话活动、情境创设等多种方式,引导幼儿关注他人情绪并主动询问,帮助有需求的人 2. 通过观看录像、图片等形式让幼儿知道如何帮助残疾人,不歧视他们;知道每年的12月3日为残疾人日,	1. 家长以身作则,主动帮助有需求的人,对幼儿的主动帮助行为及时给予支持和肯定 2. 遇到残疾人时,家长要帮助幼儿理解和尊重他们

内容		目标	具体行为表现	教师指导策略	家园共育
社会行为	环保行为	1. 能坚持做到节约身边的资源，愿意向同伴分享节约的好方法 2. 能够按照正确的方法进行垃圾分类投放 3. 能够主动选择绿色出行，并与同伴分享自己的绿色出行方式 4. 能主动选择可重复使用的餐具和环保袋 5. 主动观察照顾动植物，爱护动植物	1. 进餐时取适量的饭菜，少食多取、不剩饭菜；节约用水、用电，与他人分享自己节约的好方法 2. 主动将垃圾进行正确分类投放并提醒身边的人 3. 主动选择绿色出行方式，并与他人分享自己的绿色出行方式 4. 在生活中，主动选择可重复使用的餐具和环保袋 5. 爱护并照顾动植物，对他人不环保的行为及时制止	1. 通过开展教育活动、光盘行动等方式，探索生活中各种节约方法，开展变废为宝等活动 2. 引导幼儿进一步感知垃圾分类后不同的处理方式，主动将垃圾正确进行分类，并与同伴分享可回收物再利用的方法 3. 组织幼儿开展绿色出行经验分享活动，倡导身边的人一起绿色出行 4. 组织幼儿开展环保宣传活动，鼓励幼儿主动选择环保用品 5. 为幼儿提供观察照顾动物的机会，引导幼儿认识野生动物与人和环境的关系，主动与同伴积极讨论分享保护动植物的方法	1. 日常生活中，成人要主动做到节约，与幼儿一起讨论并实施各种节约的方法 2. 支持幼儿进行垃圾分类活动，鼓励幼儿将自己活动中不需要的可回收物选择合理方式处理 3. 与幼儿参与绿色出行亲子打卡活动，坚持选择适合的绿色出行方式，引导幼儿体会节能减排的益处 4. 带领幼儿探索发现更多生活中能代替一次性餐具和塑料袋的环保物品并使用 5. 多参加亲子种植、饲养等实践活动，掌握照顾动植物的好方法

内容		目标	具体行为表现	教师指导策略	家园共育
社会行为	活动规则	1. 能与同伴共同制定活动规则并自觉遵守 2. 能够在活动中与同伴分工合作，遇到困难能一起克服 3. 愿意主动承担或发起任务，并认真负责地完成自己所接受的任务	1. 与同伴运用商讨、猜拳游戏等方式共同协商制定活动规则，并主动遵守 2. 对老师或成人交给的小任务欣然接受，并坚持认真完成小任务，遇到困难时不轻易放弃	1. 通过创设情境、讨论等方法，让幼儿体会规则的重要性。鼓励幼儿对一日生活中各个环节的规则进行分组讨论，制定活动规则并主动遵守 2. 给幼儿分配一些力所能及的任务，设计多种适合幼儿分工合作的活动，为幼儿提供与同伴分工合作的机会；引导幼儿学会一起解决问题的方法 3. 根据幼儿兴趣点开展活动，引导幼儿通过小组合作自主制定活动方案，提高幼儿接受并完成活动任务的兴趣	1. 家长要遵守社会行为规则，为幼儿树立良好的榜样。鼓励幼儿参与家庭生活中一些规则的制定并一起遵守 2. 主动与幼儿一起进行分工合作类游戏，在遇到困难时，引导幼儿一起思考解决问题的方法、鼓励幼儿大胆表达自己的想法，并共同解决问题 3. 让幼儿自主制定家庭物品整理计划，家长与幼儿根据计划相互监督和获得相应的奖励 4. 交给幼儿力所能及的家务劳动或小任务，并鼓励幼儿想办法克服困难完成任务，及时给予幼儿肯定

内容		目标	具体行为表现	教师指导策略	家园共育
社会行为	安全规则	1. 上下楼梯有序排队,不做危险动作 2. 能够在室内活动中有意识地慢行、谦让 3. 能正确、安全地使用运动器械,并注意自身及他人安全 4. 未经大人允许不要给陌生人开门 5. 不独自使用危险物品,知道紧急情况时运用基本知识,学会自救和逃生的方法	1. 上下楼梯不奔跑、跳跃,主动帮助老师维持秩序 2. 在室内活动时,不追逐打闹、奔跑,不做危险的动作 3. 户外游戏时遵守运动器械的使用规则,活动时不给他人造成危险 4. 不随意给陌生人开门 5. 不做危险的事,在紧急情况下冷静面对、自救	1. 引导幼儿正确上下楼梯,对遵守规则的幼儿及时表扬 2. 通过多种方式与幼儿共同制定室内安全行为规则,引导幼儿自觉遵守 3. 教师通过示范、讨论等方式,引导幼儿了解户外安全行为和器械的使用方法,在必要的时候及时介入指导,避免危险的发生 4. 通过多种活动,引导幼儿不做危险的事,紧急情况下选择恰当的方式自救	1. 提醒幼儿上下楼梯、乘坐电梯时遵守规则,不做危险动作 2. 与幼儿共同讨论发现身边的安全隐患,引导幼儿活动时不做危险的事情 3. 通过多种方式引导幼儿知道不随意给陌生人开门,增强自我防护意识 4. 与幼儿共同使用家庭自救物品,认识逃生路线,知道不同情况下的自救方法
	公共场所规则	1. 能自觉遵守公共场所规则 2. 能够自觉爱护公共设施,并提醒他人	1. 根据所处环境自觉遵守各种社会秩序基本规则 2. 主动爱护公共场所设施,并提醒他人爱护	1. 组织幼儿通过讨论遵守公共规则的意义,并自觉做到 3. 通过创设情境、视频、图片等方式,引导幼儿讨论爱护公共设施的行为,并鼓励幼儿自觉遵守	1. 在不同的公共场所,家长主动遵守规则、秩序,为幼儿树立榜样 2. 家长引导幼儿了解爱护公共设施的方法并能自觉做到
	交通规则	1. 能自觉遵守基本的交通规则 2. 能自觉遵守乘坐不同交通工具的安全规则	1. 过马路时主动按照指示灯行走,遵守交通规则,大胆纠正身边人不遵守交通规则的行为 2. 乘车时自觉遵守不同交通工具的安全规则	1. 经常开展交通安全教育,鼓励幼儿自觉遵守交通规则,能主动纠正身边人不正确的交通行为 2. 通过多种体验方式,引导幼儿讨论乘坐不同交通工具时的规则,了解遵守乘车规则的重要性	1. 家长以身作则,与幼儿一起主动遵守交通规则 2. 通过谈话与示范,让幼儿了解正确的乘车方法,及时纠正幼儿的危险行为

（教师:梁文硕　李相池　王思婷）

第三节　学习探究习惯培养规范

小班学习探究习惯养成方法					
环节	内容	目标	具体行为表现	教师指导策略	家园共育
学习习惯	倾听习惯	1. 别人对自己说话时能注意倾听并做出回应 2. 能听懂日常会话并逐渐养成注意倾听的习惯 3. 喜欢听故事、儿歌、音乐等作品	1. 别人对自己讲话时注意力集中并能够用动作或语言回应 2. 能听懂日常各种会话中的内容并能做到注意倾听 3. 在听故事、儿歌、音乐等作品时充满兴趣	1. 教师多为幼儿提供倾听和交谈的机会，用幼儿听得懂的语言 2. 教师为幼儿创设多样的会话场景，运用丰富的语言与幼儿“对话”，引导幼儿注意倾听 3. 教师在为幼儿讲故事说儿歌时注意语速语调的运用，吸引幼儿，使其充满兴趣	1. 家长经常与幼儿讲话，引导幼儿耐心倾听彼此讲话的内容，并做出回应 2. 家长与幼儿沟通时注视幼儿，以身作则逐渐教会幼儿与别人讲话时要注视对方 3. 经常与幼儿一起听故事、儿歌、音乐等作品，为幼儿创设多种倾听机会，养成良好的倾听习惯
	表达习惯	1. 在熟悉的人面前自然大方讲话，愿意表达自己的所见所闻 2. 喜欢说儿歌、童谣等艺术作品，能口齿清楚表达 3. 能在提醒下学会使用恰当的礼貌用语	1. 愿意在熟悉的人面前用适当的声音自然大方讲话，表达自己的需要和感兴趣的事情 2. 经常说儿歌、童谣，能口齿清楚地表达所听到的内容 3. 与他人讲话时眼睛能注视对方，并在提醒下学会使用“您、谢谢、对不起、请”等礼貌用语	1. 创设宽松的氛围，鼓励幼儿讲述生活中有趣的事件，及时回应幼儿的讲话内容 2. 鼓励幼儿大胆唱儿歌、童谣等作品。针对发音不清的幼儿进行个别指导 3. 教师引导幼儿在日常活动中常说礼貌用语，对幼儿的礼貌表达及时做出回应 4. 与幼儿讲话时，教师的语言要清楚简洁	1. 创造良好的家庭语言环境，认真倾听幼儿讲述内容，支持幼儿的讲述行为，培养幼儿大胆表达的习惯 2. 经常和幼儿谈论他感兴趣的话题，或一起看图书、讲故事 3. 家长可以为幼儿提供与人交往的机会和条件，比如鼓励他们买东西、借东西，提醒幼儿使用礼貌用语与他人交往

环节	内容	目标	具体行为表现	教师指导策略	家园共育
学习习惯	阅读习惯	1. 喜欢听儿歌或者故事,能够认真观察,捕捉画面中的关键信息 2. 知道爱护图书,不乱撕、乱画、乱扔 3. 知道看书时要坐姿端正	1. 喜欢听儿歌或者故事,认真观察,根据画面信息进行简单描述 2. 阅读时一页一页翻书,不在图书上乱涂乱画,不撕毁图书 3. 在成人的提醒下,阅读时坐姿端正	1. 根据幼儿年龄特点,教师定期更换班级中的图书,让幼儿自主选择和阅读。通过餐前活动,区域活动,过渡环节为幼儿创造阅读机会 2. 利用墙饰、游戏等形式帮助幼儿认识图书的结构,学习阅读的方法。引导幼儿能够按照顺序从上到下,从前往后地翻阅图书,认真阅读 3. 开展家庭阅读活动、读书节、家庭借阅日、图书漂流等多种活动,帮助幼儿养成爱读书、会读书、常读书的习惯 4. 提示幼儿保持正确的坐姿进行阅读	1. 经常和孩子一起阅读图书,共同观察、探讨图书中的关键信息 2. 与幼儿一起阅读时,带领幼儿从上到下,从前往后翻阅图书,认真阅读 3. 创设家庭阅读角和固定的阅读时间,积极参与园所的阅读节,家庭借阅日,图书漂流等活动 4. 为幼儿提供适宜的阅读环境,提醒幼儿保持良好坐姿
	探究习惯	1. 喜欢观察周围事物,保持好奇心,好奇好问 2. 能用多种感官或动作去探索物体,关注动作所产生的结果 3. 在探究的过程中会经常问各种问题	1. 幼儿在观察探索周围事物时,喜欢提问题,好奇好问 2. 在观察感兴趣的事物时,能用多种感官或动作去探究物体,关注动作所产生的结果 3. 在探究的过程中,能积极参与其中	1. 带幼儿以多种形式接触大自然,提供可操作的工具,支持幼儿的探索行为,并及时给予幼儿回应 2. 通过提问、拍摄视频与图片等方式记录感兴趣的探索内容 3. 为幼儿提供丰富的材料和工具,支持和引导幼儿亲身体验,动手操作	1. 和幼儿参与种植活动、公园踏青等,感受大自然的美 2. 和幼儿一起发现让其感兴趣的现象和事物,尝试用绘画、记录表、拍照等方法记录 3. 和幼儿一起做一些简易的调查或有趣的小实验,共同寻找问题的答案

环节	内容	目标	具体行为表现	教师指导策略	家园共育
运动习惯	锻炼习惯	1. 喜欢参加户外活动,感受运动的乐趣 2. 能在较冷或较热的户外环境中坚持体育运动	1. 在探索多种体育游戏时感受到运动带来的快乐 2. 坚持在较冷或较热的天气中运动	1. 户外活动时,教师创设情境游戏、投放易操作的材料亲身参与到幼儿活动中 2. 根据天气冷热适当调整活动内容及形式,利用故事、墙饰、亲子打卡等方法鼓励幼儿坚持参加户外运动	1. 通过参考校园公众号、抖音等多媒体的游戏内容,经常陪伴幼儿参与户外活动,共同游戏,从而体验活动的乐趣 2. 根据天气的变化,利用奖励、分享亲子打卡等方法,陪同幼儿一起进行体育活动
	健康体态	在成人提醒下能够自然坐直、站直	在日常生活和游戏中,在提醒下能有意识地保持上身坐直或身体站直	1. 教师创设相关墙饰进行提示或利用儿歌等方式引导幼儿保持身体坐直、站直 2. 当幼儿出现体态姿势不正确的情况时教师引导幼儿及时进行调整	1. 家长为幼儿提供高度适宜的桌椅、便于运动的服装 2. 及时提醒幼儿保持正确体态姿势,并以身作则 3. 在日常生活中多关注幼儿体态姿势,经常带幼儿参加体育锻炼 4. 当幼儿坐姿或站姿等体态姿势不正确时,及时干预,必要时去医院检查

(教师:巴美霁　刘　郡　郭文琦)

中班学习探究习惯养成方法					
环节	内容	目标	具体行为表现	教师指导策略	家园共育
学习习惯	倾听习惯	1. 能耐心听他人讲话,不打断别人 2. 学会倾听群体中与自己有关的信息,养成有意倾听的习惯 3. 初步学会辨析性倾听	1. 倾听他人讲话时,不随意打断,耐心倾听 2. 在群体中能有意识倾听与自己有关的信息 3. 辨别不同乐器和人的声音,初步学会辨析性倾听	1. 教师要尊重幼儿并创设宽松的讲话氛围,听幼儿把话讲完整。当幼儿有打断别人讲话的现象,教师及时给予指导 2. 多与幼儿互动会话,了解幼儿是否倾听到与自己有关的信息 3. 教师讲话语音语调有高低不同,引导幼儿倾听不同特点的文学和艺术作品,逐渐学会辨析性倾听	1. 家长与幼儿对话时能耐心倾听,不急于打断幼儿讲话,当幼儿打断别人讲话时,家长及时给予提示和指导 2. 经常与幼儿沟通在园的经历与有趣的事,给幼儿充分表达想法和感受的机会 3. 经常与幼儿一起听故事、音乐等艺术作品,并鼓励幼儿大胆表达对作品的理解
	表达习惯	1. 愿意与他人交谈,能够用自然的声音和语调谈论自己感兴趣的话题 2. 能基本完整地讲述自己的所见所闻和经历的事情,讲述比较连贯 3. 别人对自己讲话时能回应,能主动使用礼貌用语,不说脏话、粗话	1. 愿意与他人交谈,喜欢谈论自己感兴趣的话题,并能根据场合调节自己说话声音的大小 2. 使用完整的句子,比较连贯地讲述自己经历的事情,并且乐于表达自己的想法 3. 回应他人的对话,说与话题相关的内容,并学会使用“您、谢谢、对不起、请”等礼貌用语	1. 提供给幼儿自由交谈的空间和氛围,与幼儿谈论他们感兴趣的话题,肯定幼儿自由表达的行为 2. 教师要耐心倾听幼儿按照自己的所思所想进行基本连贯的讲述,给予必要的补充 3. 肯定幼儿在日常生活的不同场景中,主动使用相应礼貌用语的行为	1. 每天有足够的时间与幼儿进行交谈,有耐心地听取幼儿的想法 2. 创造幼儿与同伴玩耍、交谈的机会,鼓励幼儿相互间讲述见闻、趣事等 3. 及时肯定幼儿在不同场景中使用礼貌用语的行为

中班学习探究习惯养成方法					
学习习惯	阅读习惯	1. 经常反复看自己喜欢的图书,根据连续画面提供的信息,大致说出故事的情节 2. 阅读时能由前至后翻书,知道爱护图书 3. 随着作品的展开产生相应的情绪反应 4. 能够持续保持良好的坐姿	1. 阅读自己喜欢的图书时能根据连续画面提供的信息,简单讲一讲故事的情节 2. 由前至后翻书,知道不折卷图书,不乱涂乱画 3. 随着作品情节的展开,产生喜悦、担忧等相应的情绪反应,体会作品所表达的情绪情感 4. 在成人提醒下能够持续保持良好的坐姿	1. 利用提问、录制视频等形式,组织幼儿进行角色扮演,例如晨间故事会、故事大王等活动,鼓励幼儿尝试讲出画面情节 2. 创编阅读小儿歌,帮助幼儿掌握阅读技巧,使幼儿学会有序阅读 3. 利用绘画、读书分享、提问等形式,表达自己对文学作品的情绪情感 4. 开展家庭阅读活动、读书节、家庭借阅日、图书漂流等多种活动,帮助幼儿养成爱读书、会读书、常读书的习惯 5. 提示幼儿阅读时保持良好的坐姿	1. 经常和孩子一起阅读图书,并安静倾听幼儿讲述故事情节 2. 与幼儿一同进行有序阅读 3. 创设家庭阅读角和固定的阅读时间,积极参与园所的阅读节、家庭借阅日、图书漂流等活动 4. 阅读时保证环境安静,提示幼儿保持良好坐姿
	探究习惯	1. 喜欢接触新事物,愿意动手动脑探索物体和材料 2. 能主动用多种感官或动作去探索物体,尝试记录结果 3. 在探究的过程中积极动手动脑尝试解决问题	1. 能问一些有关新事物的问题,同时乐于探索物品与材料 2. 能发现并分享新奇、有趣的事物或现象,一起寻找答案并尝试用自己喜欢的方式记录 3. 动手操作时能反复尝试,发现问题,寻找解决问题的方式方法	1. 提供给幼儿良好的探究环境,放大镜、观察皿、探究记录表等工具 2. 支持幼儿用图表、简单符号记录探究结果 3. 帮助幼儿用眼睛观察、实验操作、借助不同工具探究现象并尝试解决	1. 为幼儿选择一些操作性强的玩具或材料,鼓励幼儿大胆拆卸组装 2. 家长与幼儿共同探索新事物,能用图表和简单符号记录 3. 和幼儿一起发现并分享探究的经验,发表不同意见

<table>
<tr><th colspan="6">中班学习探究习惯养成方法</th></tr>
<tr><td rowspan="2">运动习惯</td><td>锻炼习惯</td><td>1. 能积极参加各种户外活动，不怕困难，具有一定的力量和耐力
2. 能在较热或较冷的环境中连续活动半小时左右
3. 愿意按照自己的方式去尝试，探索锻炼身体的多种方法</td><td>1. 户外活动时，积极参与各种具有难度的游戏，不怕困难，能通过不同器材锻炼自己的力量和耐力
2. 在季节交替时，坚持在户外活动半小时左右
3. 在体育活动中，用自己的方式去探索多种锻炼身体的方法</td><td>1. 提供多种运动器材，通过同伴比赛、打卡记录等形式，鼓励幼儿积极参加户外活动
2. 通过共同制订计划和好习惯打卡的方式，鼓励幼儿多参与户外活动
3. 鼓励幼儿充分利用不同的材料大胆探索各种游戏玩法</td><td>1. 家长为幼儿准备一些体育活动材料，如沙包、跳绳、毽子等，陪同幼儿一起游戏，鼓励幼儿勇于挑战，积极参与到游戏中
2. 家长经常和幼儿一起参与户外活动，制定亲子打卡表或邀请同伴一起游戏
3. 家长在陪伴幼儿进行体育活动时，鼓励幼儿提出游戏的不同玩法并给予支持</td></tr>
<tr><td>健康体态</td><td>在成人的提醒下能保持正确的站、坐和行走姿势</td><td>1. 在日常活动中能保持正确的坐姿和站姿
2. 保持正确的走路姿势，逐渐养成良好的体态习惯</td><td>1. 教师对幼儿表现出的良好坐姿和站姿，给予表扬，鼓励同伴之间相互学习
2. 在幼儿出现体态姿势不正确时能用语言或动作示范提示幼儿，帮助幼儿养成良好的体态习惯</td><td>1. 家长为幼儿提供高度适宜的桌椅及便于运动的服装
2. 当幼儿出现体态姿势不正确时能进行提醒
3. 在日常生活中多关注幼儿体态姿势，经常带幼儿参加体育锻炼</td></tr>
</table>

（教师：顾　蕊　刘　璐　朱小雪）

大班学习探究习惯养成方法					
环节	内容	目标	具体行为表现	教师指导策略	家园共育
学习习惯	倾听习惯	1. 学会辨析性倾听 2. 学会专注性倾听 3. 学会理解性倾听	1. 在集体中能注意倾听他人讲话,并做出自己的判断 2. 别人讲话时能注视对方并认真倾听,及时做出回应 3. 能听懂不同语境中较复杂的对话内容,理解其表达的含义并主动提问	1. 创设多样的语境并使用丰富的词汇与幼儿对话,让幼儿学会辨析不同谈话内容,并有自己的理解和判断 2. 教师与幼儿对话时要主动对视幼儿的眼睛,对于幼儿的积极对视给予眼神和语言的鼓励,使幼儿逐渐养成良好的倾听习惯 3. 教师根据幼儿年龄特点提供适宜的故事、诗歌、音乐等艺术作品,引导幼儿大胆讲述并表达观点	1. 引导幼儿与不同家庭成员进行对话,学会倾听理解不同人物的对话特点 2. 家长与幼儿对话时有耐心并注视对方,用动作和语言进行回应,沉浸式地让幼儿养成良好的倾听习惯 3. 经常让幼儿参与家庭事务讨论并自由表达观点 4. 建立家庭阅读时间,经常带幼儿去绘本馆、美术馆、音乐厅等场所欣赏艺术作品,在倾听与体验后鼓励幼儿大胆表达对不同作品的情感
	表达习惯	1. 能大胆在众人面前讲话,并主动与他人展开讨论表达自己的观点 2. 根据不同的谈话内容和情景调整说话的语气、语调,并且使用恰当的语言 3. 讲话时能做到轮流发言、不随意打断别人	1. 与他人讨论的状态下,声音洪亮、言语完整地表达自己的想法 2. 运用事件的六要素或完整句式表达意见和观点。如:我觉得……我认为……因为……所以…… 3. 等待轮流发言,不随意打断别人	1. 在各种活动中,运用启发性的语言,激发幼儿大胆表达,及时给予表扬并提出建议 2. 利用故事骰子或故事牌等引导幼儿运用事件的六要素完整句式进行表达 3. 运用语言类的接龙游戏,培养幼儿轮流发言,轮流表达	1. 带幼儿参加一些展示和表演的活动,创设表达的机会 2. 进行亲子阅读,鼓励幼儿运用完整的语言讲述所看到的内容 3. 与幼儿进行语言游戏,锻炼幼儿语言表达能力。进行亲子阅读,鼓励幼儿运用完整的语言讲述所看到的内容

大班学习探究习惯养成方法					
学习习惯	阅读习惯	1. 能主动翻阅不同类型、题材的图画书,并能较长时间专注阅读 2. 喜欢与他人一起谈论图书和故事的有关内容 3. 对图书和生活中的文字符号感兴趣,知道文字表示一定的意义 4. 阅读作品时能自主保持正确的阅读姿势	1. 坚持看完一本书,喜欢与他人讨论图书和故事中的主要内容 2. 结合生活实际,体会文字符号的用途,乐于用符号表达自己的想法 3. 阅读作品时能自主保持正确的坐姿,知道保护自己的眼睛	1. 区域游戏中,提供多样的图书,满足不同发展水平的幼儿;坚持看完一本书,通过区域分享、好书推荐、图书漂流等活动鼓励幼儿介绍图书中的主要内容 2. 结合生活中的不同场景,鼓励幼儿运用文字符号记录表达自己的所思所想 3. 开展家庭阅读活动、读书节,家庭借阅日,图书漂流等多种活动,帮助幼儿养成爱读书,会读书,常读书的习惯 4. 创设墙饰或提供与小学生互动的机会,帮助幼儿掌握正确的坐姿,带领幼儿学习眼保健操	1. 提供多样的图书与幼儿一起阅读,经常与幼儿谈论图书内容,激发幼儿养成良好的阅读习惯 2. 向幼儿介绍医院、公用电话等生活中常见的标识,帮助幼儿理解符号的用途 3. 创设家庭阅读角和固定的阅读时间,积极参与园所的阅读节、家庭借阅日、图书漂流等活动 4. 阅读时保证环境安静,提示幼儿保持良好坐姿,注意合理用眼
	探究习惯	1. 能主动对未知的现象提问,大胆发表自己的观点 2. 能运用多种感官进行探究并学习用适宜的方法记录问题的结果 3. 能与他人合作、交流、协商、解决问题	1. 遇到疑问时,积极思考发表自己的观点并与同伴讨论 2. 通过仔细观察、动手操作等方法进行验证,并使用数字、图画、图表或其他符号记录结果 3. 和同伴合作进行探究活动,共同收集资料,梳理探究的成果	1. 能通过集体讨论、组织辩论多种形式,让幼儿大胆说出不同观点 2. 利用区域活动、主题探究活动,让幼儿用数字、图画、图表或其他符号记录,制订简单的活动计划 3. 通过组织辩论赛引导幼儿对不同的观点进行梳理,得出探究结果	1. 为幼儿提供探究机会和条件,认同接纳幼儿的想法,并耐心倾听 2. 鼓励幼儿用数字、图画、图表符号等其他方式记录探究的过程与结果 3. 能与幼儿一起讨论自己的发现和观点,认真对待幼儿提出的问题

大班学习探究习惯养成方法					
运动习惯	锻炼习惯	1. 能主动参加多种形式的体育活动，敢于挑战有难度的项目 2. 在运动中能躲避危险，掌握日常最基本的运动安全知识学会保护自己 3. 尝试制订运动计划，逐渐养成自主锻炼的习惯	1. 在参加多种形式的户外活动时，敢于挑战有难度的技能动作或任务 2. 在玩沙包、躲闪跑等躲避游戏时，遇到危险做出相应的反应 3. 通过观察、同伴合作、记录等方法，制定运动计划并参与其中	1. 提供不同难易程度材料，鼓励幼儿进行跑跳、钻爬、攀登、投掷、拍球等活动，通过竞赛或同伴合作等方式鼓励幼儿坚持参与到体育活动中 2. 教师利用集体活动、墙饰等形式引导幼儿在玩沙包、躲闪跑、会动的球等躲避类游戏中，观察物体的同时，提高快速躲闪的能力，保护自己 3. 通过和同伴合作、协商，利用符号标志、数字、绘画等多种方式制定计划表，引导幼儿根据计划表进行体育活动	1. 经常和幼儿一起进行户外运动和游戏，同时带幼儿参加一些挑战性的运动项目，如攀岩、爬网等 2. 家长经常和幼儿一起玩躲避类的游戏，总结躲避的方法 3. 和幼儿一起制订亲子运动计划，帮助幼儿养成自主锻炼的习惯
	健康体态	在日常活动中能保持正确的站、坐、行走和跑的姿势	日常活动中主动保持良好的站、坐、行走和跑的姿势	1. 鼓励同伴间学习和监督，让幼儿自主保持良好站、坐、行走和跑的姿势 2. 通过观看视频、家园共育、学习小学生坐姿等方式培养良好的姿势	1. 家长为幼儿提供高度适宜的桌椅、便于运动的服装 2. 在日常生活中多关注幼儿体态姿势，经常带幼儿参加体育锻炼 3. 发现幼儿坐姿或站姿等体态姿势不正，及时干预，必要时去医院检查

（教师：姚林春　刘　畅（小）　彭丽娜）

第三章　养成习惯

第一节　生活卫生习惯培养教育故事

不会问好的孩子

——小班日常生活卫生习惯培养案例

【故事回放】

刚开学的时候，小班的孩子们大多数都有分离焦虑的情况存在。他们看到幼儿园门口迎接的老师，不会主动问好，也不想和爸爸妈妈说告别。但经过一段时间后，大部分的孩子已经建立起了晨间与父母告别和与老师问好的礼仪习惯。文文是一名内向的小女孩，她来离园时没有说"早上好、再见"的习惯，每次都是默默地进园，默默地离园。

这天早来园，我把文文抱在怀里轻轻地说："文文，和妈妈说再见吧！"她没有说话，也没有告别，于是我又试着引导："那你和老师说一声'早上好'吧！"她还是没有开口，只是沉默着跟着我进了幼儿园。下午放学的时候，妈妈很早就等在门外，把文文送到门口，我和文文道别："文文明天见！"虽然文文还是没有说再见，但是她看着我笑了笑。

【现象分析】

1. 小班的孩子，刚刚步入幼儿园，开始了人生第一次系统地接受学校教育。然而，刚入园的时候，部分孩子无法较好地融入集体生活，与父母分离的焦虑，对新环境的适应都是他们面临的巨大挑战。他们在行为习惯等方面的发展还比较欠缺，也没有主动进行社会化交往的思维和意识。

2. 由于幼儿成长的个体化差异，部分幼儿的身心发育情况会出现比同龄孩子稍快或者稍慢的情况，本案例中的文文就是典型的在社会交往能力、语言表达能力、自主思考能力与环境适应能力方面都比同龄人发展稍慢的孩子，再加之文文性格较为内向，平时寡言少语很少与同伴交流，这类孩子往往对陌生环境的适应期更长。因此在其他的幼儿都逐渐适应新环境之后，文文仍然没有建立起基本的社交意识，不会问好和道别。

3. 家庭环境的影响也让文文的成长缺乏正向而积极的有效引导。由于文文的爸爸妈妈忙于工作而对她的教育有所忽视，所营造的家庭环境氛围不能激发文文学习和模仿的意识，因此导致文文在生活习惯养成、文明礼貌意识培养和社会化交往能力发展方面都产生了滞后。

【教育策略】

1. 社交习惯和礼仪将伴随孩子的终身成长，为了给文文建立正向引导，教师可以根据小班阶段的幼儿具有较强的模仿能力的特点，巧妙利用班级中幼儿的正向榜样示范作用，通过“文明礼貌小标兵”的评选让做得好的小朋友用自己的行为潜移默化地对文文产生影响，同时引导文文和“小标兵”做朋友，学习“小标兵”的文明礼仪习惯。

2. 针对文文性格内向不爱交流和表达的情况，教师可在幼儿园的日常活动中通过轻松、和谐的方式对文文多投注一些关注的目光，创设积极交流的情境，正向引导文文多说话、多表达，从而加强礼仪习惯养成教育。

3. 良好的育人环境对人的成长也会起到不可替代的积极作用，为改善文文长期以来文明礼仪习惯养成不佳的问题，教师可以结合班级整体教学环境进行引导，如围绕“礼仪”这个主题开展教学活动，通过绘本故事阅读分享、礼仪与行为养成儿歌、关于问候礼仪的儿童剧表演和观看等方式引导幼儿牢记交往礼仪，从而加强文文对文明礼貌交际用语的理解和运用。

【家庭建议】

1. 家庭是孩子的第一所学校，家长要对孩子的教育起到正向的引导作用，要随时关注孩子的身心成长与发育状态，通过自己的语言和行为为他们做出示范和榜样，通过潜移默化的方式帮助文文形成良好的生活习惯。

2. 观察孩子在日常生活中的表现，创设与同伴交流的机会，及时鼓励幼儿主动与他人打招呼的现象，强化文明行为，养成良好习惯。

3. 进行家庭亲子阅读、亲子交流等活动，通过礼仪相关的绘本故事、教育宣传片等与幼儿建立良性交流与互动，培养文文主动交往的良好习惯。

教师：巴美霁

别着急，我可以

——小班日常生活卫生习惯培养案例

【故事回放】

“老师，早上好！”奶声奶气的问好声传进班里，我有点好奇，这是谁的声音呢？我从衣帽间走了出来，见到了开学半学期才来园几次的壮壮，我热情地回应他：“早上好。”在晨检结束后，壮壮穿着外套径直走向了活动室寻找小椅子。我提醒道：“壮壮，在班级里冷吗？不冷的话把外套脱掉吧，而且你还没有拿水杯和毛巾哦！”

听到我的话后，壮壮像是恍然大悟一样，走进了衣帽间。只见他熟练地拉开拉链，把外套褪到肩膀的位置，然后左手把袖子翻了出来，接着是右手，最后衣服脱完直接扔到了桌子上，就要去盥洗室拿水杯和毛巾。我连忙叫住壮壮：“壮壮！衣服就扔在桌子上了吗？小朋友的漂亮衣服都整整齐齐地放在了小柜子里，壮壮的衣服也要叠好放进壮壮的柜子里啊。”壮壮疑惑地看着我：“叠衣服？怎么叠衣服？”我拉着壮壮的手说：“我们一起来吧。首先咱们要先把你脱反了的袖子翻回去，然后再按照儿歌和墙上叠衣服的照片把衣服叠好，最后放回到你的柜子里面。”只见壮壮动手把衣服放了一下，然后垂下手说：“老师，我不会叠，你帮我吧！”我看着他对他说：“老师和你一起学习叠衣服，还有一个特别有意思的儿歌，咱们一起边说边动手叠，好不好？”壮壮开心地点了点头。于是，我一边说着儿歌，一边示范叠衣服，壮壮也跟着模仿。但因为自理能力跟班级其他小朋友有差距，开始的几次总是叠不好，他越是着急，越叠不好衣服，导致衣服总是一团乱，眼看壮壮就要失去耐心。我开口鼓励他：“壮壮，别着急，慢慢来，衣服都快叠好了，加油！”

【现象分析】

1. 因为家庭，壮壮不能坚持来园，在家中幼儿的所有事都是家长包办代替，导致幼儿的动手能力不足，自理能力方面也得不到锻炼。

2. 壮壮做事缺少耐心，容易发脾气，所以做不好的事情容易放弃并出现急躁的情绪。

【教育策略】

1. 用儿歌的方式帮助幼儿锻炼自理能力。如：

我会叠衣服

大门关关好，见面抱一抱，
点点头，弯弯腰，
我的衣服叠叠好。

2. 运用同伴提示、家长支持等形式帮助幼儿提高自身的自理能力,鼓励幼儿自己的事情自己做。

3. 在日常活动中重点观察幼儿的活动状态,出现情绪不稳定时及时了解情况并给予针对性的指导。

【家庭建议】

1. 帮助家长了解小班是常规培养最重要的阶段,家长无特殊情况应坚持送幼儿到园,帮助幼儿养成良好的生活习惯。

2. 在家时鼓励幼儿做一些力所能及的事情,如自己动手收拾玩具,自己脱衣服、叠衣服、穿鞋等,锻炼幼儿的自理能力。

3. 要及时与教师进行沟通、交流,了解园所的具体要求和指导方法,做到家园要求一致,为幼儿的全面发展奠定基础。

教师:刘　珺

晨间劳动起风波

——大班日常生活卫生习惯培养案例

【故事回放】

清晨,小朋友们正在进行晨间劳动,淳淳指着另一个小朋友对我说:"老师,梦涵今天是小值日生,我们选择她去擦拼插区的柜子,她没有擦柜子就去看书了。"

我问:"梦涵,是这样吗?"

梦涵说:"我都不愿意选择擦拼插区的柜子,他们非让我擦,我不愿意,我就不擦。"

谦润也过来说:"那你来得晚,我们都选完了,就剩下拼插区的柜子没擦了。"

梦涵生气地说道。"那依依也来得晚,她还什么都没干呢。"

淳淳说:"依依来的时候,咱们都商量完了,没有事情需要让她做了。"

在了解情况后,我请几个小值日生将争执的原因告诉其他小朋友。我对大家说:"每天晨间劳动时,小值日生们除了要清洁自己物品的卫生,还要分工整理清洁班级柜子的卫生。今天小值日生们在分工时出现了争执,大家也听了他们原因,你们有什么解决的好办法吗?"

涵涵说:"可以让当天值日的小朋友们早一些到,一起选择,就不会出现这种问题了。"

莫莫说:“可以在前一天就定好擦拭的位置。”

北北说:“遇到不喜欢擦的位置可以跟别人交换。”

博岩说:“可以用剪刀石头布的方法,谁赢了谁先选。”小值日生们商量后决定先采取博岩的方法,梦涵和依依剪刀石头布决定了擦拭拼插区柜子的人选。

【现象分析】

1. 因幼儿来园时间不同,在小值日生们晨间劳动分工时易出现“来晚的幼儿无法参与分工协商”或“来得过晚没有可整理和擦拭的位置”的情况。

2. 在小值日生的晨间劳动安排上缺乏合理的规则,导致在实际劳动中,出现了分配不合理,幼儿不愿意参与劳动的情况。

3. 在遇到分工出现问题时,幼儿缺乏自主协商解决问题的意识和能力,所以通过告状的方式,请老师来帮忙解决问题。

4. 在听取了他人意见后,幼儿能够通过剪刀石头布的方式去自主解决问题,说明幼儿有一定遵守规则的意识和自主解决问题的能力。

【教育策略】

1. 通过与家长沟通和前一天提示第二天小值日生的方式,提醒幼儿按时来园,参加晨间活动。

2. 针对小值日生晨间劳动时出现的规则、分工和自主协商的问题,可以通过开展谈话活动,跟幼儿一起讨论在值日过程中都出现了什么问题,该如何去解决等方式,讨论出解决方法;再运用绘画、拍照等方式将方法进行记录,并请幼儿自主粘贴在班级适当的位置方便幼儿观看与参考。

【家庭建议】

1. 提醒家长引导幼儿重视自己是值日生,有应按时到园参与劳动的意识。

2. 家长通过与幼儿一起协商制定家务劳动计划表、家庭作息计划表等方式,引导幼儿进一步加强对协商制定方法的理解与学习、体会规则在生活中的作用。

3. 幼儿在生活中遇到困难和问题时,家长鼓励幼儿先尝试自己分析原因,想办法解决问题,提高幼儿自主解决问题的能力。

教师:梁文硕

我要当第一名

——中班日常生活卫生习惯培养案例

【故事回放】

早饭前,小朋友们坐在椅子上看着图书,不一会儿就会传出了说话声,这样的情况在升入中班后几乎每天都在上演。

我忍不住开口询问:“是不是图书没有意思?老师给你们换一些新的好吗?”

这时最后一个进班的小董说:“老师,我不想看书,来得晚了选区的时候,只能去图书区看。”说完拿起他自己带的魔尺摆弄起来。其他小朋友也凑了上去,好奇地提出问题。

听完小董的回答,我又看向其他孩子:“你们也不喜欢看书呀?”孩子们纷纷看着我点了点头。

得到孩子们的答复后,我与班中其他两位老师进行商议,决定在晨间游戏中加入魔尺。在晨间游戏加入魔尺后,小董也从最后一个来园的小朋友变成了第一个来园的小朋友。

我问小董:“小董,你为什么每天都第一个来呀?”

小董说:“第一个来,能先玩魔尺,我比他们都先变好,比他们快,我就是第一名。”

【现象分析】

1. 幼儿不愿早来园,在晨间阅读活动时扎堆聊天,对晨间阅读不感兴趣。

2. 教师未能及时捕捉到幼儿失去阅读兴趣的行为变化,没能及时发现问题并分析解决。

【教育策略】

1. 通过开展小小值日生活动,在活动中加入奖励机制,幼儿愿意早来园做值日,做值日的小朋友可以获得班级内使用的兑换券,积累到一定数量可以找老师兑换奖励。

2. 通过幼儿晨间早来园可以先选择区域游戏的方式,让幼儿产生早来园的想法。

【家庭建议】

1. 家长可以通过网络搜索一些魔尺造型的视频,多抽出一些时间和孩子一起探索、游戏。

2. 多关注孩子的情绪变化，当孩子不愿意来园时，应耐心询问原因，与教师沟通解决。

教师：刘　珺

我是不挑食的好孩子

——中班日常生活习惯培养案例

【故事回放】

又到了午餐的时间，孩子们有序地取餐。这时，小明捂着肚子喊疼，旁边的桐桐听到后赶紧过去询问他："小明你怎么了？"小明回答："我突然觉得肚子有点疼。"桐桐继续问："你是不是拉肚子了？赶紧告诉老师吧。"见此情景我立刻来到小明面前，询问他具体的症状："小明，你是不是吃了什么东西了，为什么会肚子疼呢？"小明想了想后说道："周末爸爸妈妈带我去吃了牛排，我觉得特别好吃，就跟妈妈说我天天都想吃，所以我这几天吃的都是牛排。"听到这里，我大概已经知道小明肚子疼的原因了，于是我就带着小明去医务室进一步观察，确认没有问题后让小明安静地休息并通知小明的家长来接他回家。等小明妈妈来接他的时候，我把这个情况对家长进行了如实告知，从小明妈妈口中我也了解到，小明爱吃口味重的肉类食物，不爱吃蔬菜和水果，家里为了能够让小明吃饭，家中的饮食都会根据他的口味进行准备，所以小明偶尔也会闹肚子。根据这种情况，我建议小明妈妈要合理搭配孩子的饮食，不能偏食挑食，日常生活中应该搭配蔬菜水果，不能一味根据孩子的喜好来准备食物，这样才能满足孩子身体发展所需要的各种营养。

第二天，小明一大早就来了，身体也恢复了，孩子们热情地关心小明，小明非常感动。我趁机引导孩子们："通过小明肚子疼这件事，我们首先要表扬桐桐小朋友，当她发现小明肚子不舒服后第一时间去关心他，并及时告诉了老师。可是小明为什么会肚子疼呢？"有的小朋友摇摇头，有的小朋友笑嘻嘻地说道："他是不是吃多了，吃坏肚子了！"我立刻回应道："对呀，就是因为他天天都吃牛排，天天吃肉，不吃蔬菜和水果，肚子里的小精灵们不舒服了，才会肚子疼呢，所以我们不能挑食偏食，只吃一种自己喜欢吃的食物，这样的营养不能满足我们的身体需要，就会容易生病，多难受！"孩子们纷纷点头，有的小朋友说："老师，我最喜欢吃菜啦！妈妈天天给我做各种各样的菜！"有的说："老师，我们要多吃蔬菜水果，这样身体才会棒棒的！"孩子们纷纷讨论多吃蔬菜水果的好处，小明也积极地参与到讨论中："我以后让我妈妈多给我做蔬菜吃！"

【现象分析】

1. 桐桐能够注意到小明的情绪变化，立刻关心询问，当她发现事情比较严重时能够及时寻求教师帮助，桐桐在关心他人方面有较好的发展。

2. 小明身体不舒服是因为挑食、偏食引起的，经过沟通了解到家长没有意识到挑食对孩子身体的影响，只看到眼前"能够吃饭就可以"，没有想到这样的饮食对孩子身体长远的影响。这就需要教师及时与家长进行沟通，了解幼儿的家庭饮食习惯，并给出科学的建议和指导。

【教育策略】

1. 教师要认真观察、捕捉生活中的教育契机，对幼儿进行及时的支持与引导，充分发挥"生活处处有教育"。

2. 针对幼儿挑食的问题，我们可以通过讲绘本《肚子里的火车站》等故事、游戏"每天饮食搭配"，在过渡环节与幼儿一起讨论有关食物营养的内容，丰富幼儿的生活经验，为幼儿养成良好的饮食习惯提供支持。

3. 在进餐过程中，随时关注挑食、偏食幼儿，运用同伴榜样、鼓励等方式引导幼儿养成良好的饮食习惯。

4. 充分发挥家园共育的作用，通过公众号、班级群、伙委会等形式向家长宣传科学育儿知识，更新家长教育观念，鼓励家长为幼儿提供多样的饮食结构，满足幼儿身体所需营养。

【家园建议】

1. 定期与家长进行沟通，分享幼儿在园、在家进餐的状况，达成家园一致的进餐习惯，让幼儿能更好地适应两个环境下的进餐氛围，帮助幼儿养成定点、定时、定量进餐的好习惯。

2. 鼓励幼儿回到家中与家长交流在园进餐情况，家长与幼儿一起阅读绘本、分享各种食物的味道及感受，帮助幼儿逐渐养成不挑食的好习惯。

3. 家长与幼儿共同建立科学的进餐规则，如不边玩边吃、独立进餐等。家长还可以通过学习烹饪不同类型的食物，丰富幼儿的饮食结构，从而促进幼儿养成良好的进食习惯。

教师：张志伟

小勺和米粒的故事

——小班日常生活卫生习惯养成案例

【故事回放】

午餐时间,小朋友们都在安静地进餐,忽然一个声音把我们都吸引了过去。“老师,您看泽泽！他把米饭都弄到桌子上了,他好脏呀。”我们的目光都被吸引到了西瓜组小朋友的身上,我顺着六六的话,看向了泽泽,只见泽泽右手大把握着勺子,默默地低下了头,他前面的桌子上、衣服上都沾了不少米饭粒,有的米粒还跑到了地上。

看到泽泽的窘迫,我轻轻地对小朋友说:“泽泽不是故意的,看！今天的饭菜那么香,你们先吃饭吧!”小朋友们听到我说的之后,注意力又转回到自己的饭菜上。

我弯下腰,用只有我和泽泽能听到的声音说:“没关系的泽泽,一会儿吃完用桌上的小毛巾把桌子擦干净就行了,泽泽这样拿小勺饭菜就不会撒了,你来试试吧。”泽泽听到我的话后把头慢慢地抬起来,扫视了一下其他小朋友,又看看我,然后大拇指和食指捏住勺继续进餐。虽然泽泽很努力控制着小勺但是依旧有很多饭菜掉到桌子上。

【现象分析】

1. 小班幼儿的肌肉发展不完善,手眼协调能力需要进一步加强。泽泽没有掌握正确用勺的方法,在使用勺子时总是大把握勺,导致饭菜撒到碗和盘子的外面。

2. 泽泽因为掉饭粒被小朋友们指出,出现不知所措,因为他并不是故意掉饭粒,所以老师轻声安慰他,并提示他用正确握勺方法。

【教育策略】

1. 在日常活动中提高幼儿的自立能力。将使用勺子的动作编成了一首简单上口的儿歌,以此来帮助幼儿掌握用勺子的要领,用儿歌帮助幼儿熟悉和掌握做事的方法。不仅可以强化记忆,还能提高做事的兴趣。

儿歌——《小小勺》

小小勺,真灵便,
握在拇指,食指间,
一手拿勺,一手拿碗,
不撒不漏,送到嘴边。

2. 在区域活动中,投放小勺和不同的材料(铃铛、大珠子、毛球等)与幼儿进行舀珠子比赛,通过不断的练习提高幼儿小肌肉发展和手眼协调能力。

3. 重点观察个别幼儿,发现孩子的点滴进步时,要及时表扬,增强孩子的自信心。同时要接纳幼儿学习中的不完善,不断鼓励,给予足够时间等待完成,帮助幼儿树立自信心。

【家庭建议】

1. 基于幼儿喜欢模仿的天性,成人的行为更容易成为幼儿模仿的内容。因此,家长在家里,要多引导幼儿使用正确的方法用勺子,在成人使用勺子时,引导幼儿学习。发现幼儿使用勺子方法不正确时,要及时提示,并多些耐心进行针对性的引导。

2. 帮助孩子选择一把自己喜欢的小勺子,引发使用兴趣。与幼儿多玩一些锻炼小肌肉动作的小游戏,锻炼幼儿手部的灵活性。

教师:刘　珺

我是卫生监督员

——小班日常生活卫生习惯培养案例

【故事回放】

随着班级里入厕、洗手的音乐声响起,小朋友们有序地排着队伍进入了盥洗室,这时我发现墨墨坐在座位上一动也不动,于是我便走到墨墨身边询问她:“你怎么不去洗手呀,是哪里不舒服吗?”墨墨摇了摇头说:“我不想去洗手。”平时墨墨每到洗手环节都跟其他小朋友一样会走进盥洗室,但是今天却不一样。于是我进一步询问墨墨:“你今天为什么不想去呢?”只见墨墨把自己的小手放在背后藏了起来,我想那一定是有她自己的原因。于是我便紧接着说:“今天老师想请你来当小小卫生监督员,来监督和检查大家洗手的情况,你愿意吗?”墨墨开心地回答道:“我愿意。”我告诉墨墨,小小卫生监督员可是要给其他小朋友做榜样的,首先自己做一个讲卫生的好宝宝才能监督其他小朋友。听到这里,墨墨点了点头便立刻走到了盥洗室洗手,我便跟她来到盥洗室,原来她的手臂上贴了一个小贴纸,她将小贴纸放到了口袋里,认认真真地洗起手来,洗完手后又来到活动区域检查其他小朋友的洗手情况,谁的小手没洗干净墨墨便督促他再去洗一遍。等墨墨检查完毕后,我便奖励了她一枚小贴纸,墨墨开心地说:“谢谢老师!”

【现象分析】

1. 小班幼儿在卫生习惯的养成上比较薄弱,刚入园的孩子表现尤为明显。

如不能独立如厕、洗手和进餐,饭前洗手饭后漱口等,这些都或多或少地影响着他们的幼儿园生活,为此我们需要借助一日生活中的教育契机,引导并提示幼儿去如厕、洗手和漱口等。帮助幼儿养成良好的生活卫生的好习惯。

2. 根据墨墨的这一情况,我在想墨墨为什么不去洗手呢?原来她是因为担心手上的贴纸湿了所以才不去洗手。小贴纸虽然很好看,但是可以放在口袋里或者贴在外衣上,如果贴在手臂或者皮肤上的话,我们在洗手和清洗的时候就会很不方便。

3. 教师应该采取适合小班幼儿的方法来培养幼儿良好的卫生习惯。我采取的"小小监督员"方法可以激发孩子们主动去盥洗并监督其他小朋友把手洗干净的兴趣。

【教育策略】

1. 根据小班幼儿年龄特点,教师应运用多种方式帮助幼儿养成良好的生活卫生习惯。如:讲故事、及时提示、给予小任务、物质奖励、环境支持等,激发幼儿兴趣来达到培养良好的生活卫生习惯。

2. 教师是良好师幼互动环境的创造者和幼儿发展的支持者、帮助者、指导者和促进者。所以在日常活动中,应建立和谐融洽的师生关系。如在培养幼儿洗手的习惯时,我们教给幼儿边念儿歌边洗手:"搓搓手心、搓搓手背,手指缝里搓一搓,小手甩甩再擦干。"引导并带领幼儿完成洗手环节。

3. 为了让每一个幼儿都能养成良好的生活卫生习惯,我还借此机会告诉孩子们,我们每天都会选取一名小小卫生监督员来检查和监督大家的洗手等卫生情况,小小监督员需要给大家做一个讲卫生的好榜样,这样才能够成为榜样卫生监督员(设立小小卫生监督员,督促大家洗手、入厕,同时也是帮助幼儿稳定自身行为习惯)。

【家园建议】

1. 孩子喜欢模仿,父母的好习惯是培养孩子良好卫生习惯的直接示范。鼓励家长为幼儿树立良好的榜样,以榜样带动,并在教育过程中多采用游戏、诗歌、故事等幼儿喜闻乐见的形式培养幼儿良好生活卫生习惯。

2. 建立家庭互动的内容,可以请家长将幼儿盥洗的照片、视频发到家长群或者是发给老师,老师将小朋友在家进行盥洗的照片、视频分享给小朋友们,激发幼儿在家养成的盥洗习惯。

3. 鼓励并指导幼儿自理、自立,尝试自己的事情自己做。给幼儿更多锻炼的机会,并通过定期交流反馈幼儿在园和在家的表现,及时找出教育中的薄弱环节,共同教育,使幼儿在同一要求下建立起良好的生活卫生习惯。

教师:张志伟

我的小手很“干净”

——小班日常生活卫生习惯培养案例

【故事回放】

加餐前的盥洗环节,北北跑过来对我说:“老师,我没有小便。”“那你可以直接去洗手啦。”话音刚落,北北一个转身就进到卫生间。过了没几秒钟,他就风风火火地跑了出来。于是我问道:“北北,你洗手了吗?”“我洗了,老师你看,我的手是湿的。”“你用香香的洗手液了吗?让我来闻闻你的小手有没有香香的味道。”北北听后极不情愿地伸出小手到我的面前说道:“老师,我的小手一点儿都不脏。”我从他的表情和动作中看出他并没有认真洗手,于是我拉着他的小手说道:“我们的小手很能干,它会玩玩具、做手工、爬滑梯,可是它也会摸到很多地方,这些地方都藏着很多咱们都看不到小细菌,你觉得你的小手干净吗?”他听后摇摇头,转身快速走进盥洗室,又重新洗手。

起床后我正在给女孩梳头,看见北北第一个走进盥洗室,然后打开水龙头,小手在水下面一放,冲了几次,关上水龙头,用毛巾简单擦手后便走了出来。我问:“北北,你的小手洗干净了吗?”“老师你看,我的手洗干净了。”“你用洗手液按照七步洗手法来洗了吗?”“老师我的手不脏,我没有摸玩具、滑梯,所以我不用打泡沫。”北北说完便着急地跑开了。我来到他的座位上跟他说:“你的小手虽然没有摸玩具、没有玩滑梯,但是我们的小手还是要搬椅子、穿衣服,它还做了很多其他的事情,所以我们每次洗手都要用洗手液,而且要按照七步洗手法洗手啊!”他看了看我,又低头想了想,低声说道:“好吧,老师我再洗一次手。”北北来到盥洗室运用洗手液和七步洗手法认真地洗手。

【现象分析】

1. 小班初期以培养幼儿良好的生活习惯为重点内容,幼儿的良好习惯需要教师的重复提示。在一日生活各环节活动中,教师要做到认真观察、及时提示,帮助幼儿养成良好的生活习惯。

2. 北北是一名外向但是性格比较急躁的小朋友,做事情只要完成即可,不要求质量,所以需要教师的关注和指导,经过教师的提醒能够意识到自身的卫生问题,并听从教师的指导认真洗手。

3. 小班幼儿的思维水平仍处于直觉行动阶段,认知水平有限,对手部卫生与细菌、病毒的因果关系不理解,因此不能正确对待。幼儿看自己的小手觉得自己的小手很干净,理解不到自己的小手哪里脏,所以不想洗手。

【教育策略】

1. 小班幼儿正处于直觉行动到具体形象思维的过渡阶段,针对他们这一学习特点,教师运用环境的提示作用或者是说儿歌、玩游戏的方式帮助幼儿掌握正确洗手方法,养成良好的洗手习惯。

2. 可以通过绘本、视频等直观的形式引导幼儿了解细菌的危害等,帮助幼儿调整自身的认知,意识到洗手的重要性,从而养成七步洗手法的习惯。

3. 运用家长群、家长园地、家长半日开放等形式向家长宣传幼儿良好习惯的具体内容和要求,做到家园一致共同培养幼儿良好的生活习惯。

4. 班中教师要做到心中有共同的目标,共同配合,对幼儿的要求要有统一性和一致性。

【家庭建议】

1. 积极观看幼儿园为家长们转发的健康讲座,了解有利于幼儿健康的知识,更新教育观念;与幼儿园同步,提示幼儿按七步法洗手。

2.《纲要》中指出:“模仿是幼儿社会学习的重要方式,教师和家长的言行举止直接、间接地影响着幼儿。”因此,基于幼儿喜欢模仿的天性,家长可以亲身示范,为幼儿树立积极正确的榜样。

3. 依据孩子好奇和爱玩水的天性,家长们也可以选择一些泡泡洗手液,吸引孩子关注和正确洗手。

教师:马　荟

香香的小手

——中班日常生活卫生习惯培养案例

【故事回放】

孩子们刚度过了暑假升入中班,各方面常规要求与小班时会有一些不同,但在洗手要求上与小班是一致的:每次洗手要用七步洗手法认真洗,洗完手用毛巾擦干。一次我观察孩子洗手时发现有些孩子“偷懒”了:他们有的小便后直接喝水,有的没有打洗手液只把手用水浸湿就擦手了,有的打上洗手液就直接用水冲手了,还有的洗完不擦干手就着急走了……经过了一年的常规培养,在孩子已经知道的事情上怎么还会出现这种情况呢?

过渡环节时,我组织幼儿针对这个问题进行了讨论:“我发现有的小朋友洗手特别快,是什么原因呢?能分享一下自己洗手的过程吗?”

孩子们积极分享自己的洗手方式，有的说自己认真洗手就很快；有的说自己小便完了就忘了，后来认真洗手了；有的说×××没用七步洗手法就冲水了；还有的说×××洗完手没擦干……

有的小朋友立即反驳说“我是着急了，没时间了”，孩子们讨论得越来越激烈。“那我们想一想办法吧，如何让所有的小朋友都能把自己的小手洗干净呢?”在与孩子们讨论后决定：每次洗手前回忆七步洗手法，并一致通过由当天的小值日生负责在盥洗室门口提醒小朋友们认真洗手。

慢慢地我发现孩子们洗手过程中的认真度有了明显的提高，小值日生更负责，不仅帮小朋友放袖子，还会闻一闻小朋友的手；洗手的孩子都认真洗手不着急了，在获得小值日生肯定后露出自信的笑容。

【现象分析】

1. 良好的生活卫生习惯不是几天养成的，更不是习惯养成后就会一直保持不变的。中班幼儿在小班一年的生活学习中养成了良好的生活卫生习惯，刚升入中班时在生活卫生习惯养成中还需要不断熟练。

2. 幼儿在家与在幼儿园洗手的要求不统一，在长时间的假期休息中，幼儿对洗手的规则意识淡化，对七步洗手法的熟练程度降低。

3. 教师在幼儿洗手过程中对幼儿的洗手方式指导提示少。

4. 在幼儿分组盥洗时，每组盥洗时间分配不均，易造成后面洗手幼儿时间紧张。

【教育策略】

1. 强调和巩固认真洗手的重要性。教师利用教育活动、过渡环节等时间，通过故事、儿歌、小表演等不同方式，经常带幼儿回忆洗手方法，巩固幼儿对七步洗手法的熟练程度。强调认真洗手的重要性，同时告诉幼儿“洗手快”不等于“不认真”。

2. 教师在幼儿洗手时关注到全部幼儿，及时表扬幼儿的良好行为，激发幼儿向榜样学习的积极性，发现“不认真洗手”的幼儿要及时提示，做出正确引导。

3. 教师对幼儿活动时间进行合理的调整，给幼儿洗手留出充足的时间。

4. 教师和幼儿共同讨论一个班级的洗手“标准”，利用不同的形式鼓励幼儿坚持按照标准洗手，如每周评选洗手小明星、小小监督员等，发挥榜样示范作用。

洗手标准：洗手前要挽起袖子，洗手时要认真执行七步洗手法，洗手后要打开毛巾擦干手上、胳膊上的小水滴。

【家庭建议】

1. 家园协同勤沟通，让家长了解七步洗手法，引导幼儿居家也能按照要求做。

2. 家长在洗手时认真用七步洗手法，以身作则，用实际行动引导幼儿。

3. 利用教师推荐的小儿歌或是绘本故事，巩固幼儿对正确洗手必要性的认识，保持良好的洗手习惯。

洗手儿歌：打开水龙头，小手冲干净，关上水龙头，香皂转两圈。手心相对搓一搓，手背相靠搓一搓，手指交叉搓一搓。小手拉一拉，大拇指转一转，搓搓指关节，转转小手腕。打开水龙头，冲净小泡沫，关上水龙头，一二三，谢谢小水滴。

教师：王宇露

我不是“小邋遢”

——大班日常生活卫生习惯培养案例

【故事回放】

馨馨和几个小朋友在户外玩陀螺，比谁的陀螺转得时间长。几个小朋友有蹲有站地围在一起，大声地叫着笑着。

玩了一会儿，馨馨直接趴在了地上，看着自己的陀螺大喊：“加油加油！”

点点说：“你怎么趴着玩呀，衣服上该沾上土了。”

馨馨瘪瘪嘴，蹲了起来并拍了两下衣服：“没事，脏就脏了呗。”接着又加入游戏中。

过了5分钟，馨馨又跪在了地上。我过去提醒，馨馨说：“我玩着玩着又忘了，没事儿，反正已经脏了，我妈会给我买新的，我最喜欢新的衣服。”

过了十分钟，馨馨哭着来告状：“老师，我不是‘小邋遢’，我不喜欢小朋友叫我邋遢馨馨。”一旁的乐乐说：“你的衣服太脏了，你就像故事中的‘小邋遢’一样。”石头也说：“每天你的衣服都很脏，有时候还有破洞，你就是小邋遢。”

【现象分析】

1. 馨馨的家庭条件比较富裕，妈妈对于幼儿生活着装习惯也是一种脏了洗不干净就扔的做法，馨馨是想以此为方法，让妈妈给买新的衣服。

2. 幼儿未养成良好的个人着装习惯。可以看出馨馨对于衣服的整洁与否并不在意，甚至对于同伴的评价、老师的提示都不能产生认同感。

3. 教师的引导不到位。教师没有敏锐地发现馨馨把衣服弄脏是因为想要穿新衣服，而且没有实施有效引导，只是简单地进行“提示”，没有帮助幼儿建立正确的认知模式。

【教育策略】

1. 要避免拿馨馨与其他小朋友做比较,而是帮助他塑造科学的卫生观念。例如:可以通过拟人化的科普动画片,引发孩子知道仪容仪表的重要性。

2. 适时适度地对幼儿良好的行为进行肯定,以正面肯定强化不良生活习惯纠正的效果。如当户外活动回来馨馨的衣服很脏却把自己的衣服裤子整理得很整齐时,要及时给予肯定。久而久之可以使幼儿越来越注重自己仪容仪表的整洁,从而改正不良生活习惯。

3. 班里也可以开展一些活动,如利用"生活日"评选整洁小明星;或者家园协同,开展"保持衣物整洁好方法"的评选或打卡活动。

【家庭建议】

1. 使用恰当的方法进行正面引导,比如不随便丢弃衣服,不随意购买衣服,建立不浪费和保持整洁的意识。

2. 在家中可与幼儿建立同样的规则约定,如:自己洗自己的小衣服;玩玩具的时候不要把衣服弄脏等。如果做到了都可以得到一定的小奖励,帮助幼儿逐渐形成良好的生活卫生习惯。

教师:邹雅文

水杯的秘密

——小班日常生活卫生习惯培养案例

【故事回放】

集体饮水时间,我发现航航刚接了大概四分之一的水时便关上了龙头,然后站在原地一口就喝完了。

担心饮水量不够,我提示他说:"航航要多喝一些水,接得像这一样多!"说着,我指了指墙上的接水示意图。

航航看了看我说:"老师,我喝这些就够了!"说完,赶紧跑回桌子前继续玩游戏了。

由于航航在集体喝水时喝得比较少,于是在区域活动时间进行到一半的时候,我对航航说:"有没有觉得口渴?要是觉得口渴了,记得去喝点水。"

他回答道:"好。"然后他快步地走到水杯格那里,拿水杯、接水、喝水。喝完水之后继续回到自己的区域进行游戏。

【现象分析】

1. 幼儿为了可以快速进行区域活动,在饮水时会接更少的水,以此来缩短喝水时间,更快地去玩区域游戏。

2. 幼儿年龄小,一些基本的生活自理能力还在发展之中,因此幼儿还没有养成主动饮水的习惯。

【教育策略】

1. 在班级中创设喝水墙,喝了半杯水的小朋友就可以到喝水墙上在贴有自己照片的纸杯里插一朵小花,离园前引导幼儿数一数插了几朵小花,有没有达到每日的饮水量,以此促进幼儿养成良好的饮水习惯,做到随渴随喝。

2. 利用"生活日",结合每天幼儿的饮水情况,评选班级"咕噜咕噜小明星"及时给予幼儿鼓励和肯定,树立榜样,以保持幼儿自觉饮水的行为。

3. 用情景游戏、儿歌、故事等方式,鼓励幼儿喝水。如:小汽车的游戏结束后,引导孩子:"小汽车需要加油了!"自然地引入喝水环节;利用儿歌"小茶杯",或者故事如"小水滴旅行记"引起孩子喝水的兴趣,激发孩子喝水的愿望。

4. 及时关注孩子的状况,发现幼儿出现饮水少、不主动饮水的情况时要给予幼儿有效的帮助、指导。

【家庭建议】

1. 利用一些有趣的故事或是科学的讲解让孩子明白,人为什么要喝水以及喝水对身体的重要性。如果想要茁壮地健康成长,就要及时喝水。

2. 在家中设置喝水墙,每喝一杯水用符号或者贴画记录下来,累计到一定数量时可以换取小奖励,以此来鼓励幼儿养成自主喝水的习惯。

3. 家长做幼儿的榜样,家长在喝水时可以用语言引导幼儿和自己一起喝水,帮助幼儿养成主动喝水的习惯。

教师:杜晨希

我不敢去厕所

——小班日常生活卫生习惯培养案例

【故事回放】

小班开学几天了,下午起床后冉冉醒来哭了起来,我看出冉冉的动作是憋不住尿了,于是我问冉冉是要小便吗,她表情有点着急但是却摇摇头。"那我们去试一试好吗?"她同意了,我陪着她来到了卫生间,可是到了卫生间后她又对我说:"老师,我没尿。"看她的动作已经憋得很难受了,我陪她蹲在便池上并跟她说:"放轻松,老师陪着你,你就有了很多力量!我们再来试一试。"坚持了一会儿她终于解出小便。看着她如释重负的感觉,我轻声地问:"冉冉,为什么有小便不来卫生间呢?"冉冉低下头没有回答我的问题,我又轻声地说:"那下次冉冉有小便告诉老师,老师来陪你好吗?"冉冉轻轻地点点头。

户外活动回到班中,看到冉冉的腿和脚不自觉地抖动,这一定是在憋尿!于是我问道:"冉冉要去小便吗?"她看着我紧张地点点头,于是我牵着她的手赶快走到卫生间,陪着她进行小便。回到活动室,我抱着冉冉说:"冉冉以后有小便就拉拉老师的衣服,老师就陪你去小便。冉冉不能再憋尿了,那样对身体不好。"冉冉看着我又点了点头。

放学后我与冉冉妈妈进行沟通,她妈妈表示在家都是坐便,冉冉从来没有用过蹲便,所以对蹲便没有安全感。我也提示家长要让冉冉多到户外接触不同的人和事物,同时要多鼓励她主动与身边人进行互动,有问题要主动求助。

【现象分析】

1. 冉冉性格内向,适应新环境的能力较弱,在沟通、表达等方面需要进一步地锻炼。

2. 在家庭中出现对冉冉过度保护的现象,导致她接触外界的事物较少,来到幼儿园这个陌生的环境时又是从来没有接触过的蹲便,所以在如厕过程中缺乏安全感。

【教育策略】

1. 运用幼儿喜爱的卡通形象贴纸装饰盥洗室为幼儿营造宽松可爱的氛围,及时关注孩子的小便需求,给予有效的帮助与指导,如:多带幼儿熟悉卫生间,幼儿想小便时成人辅助幼儿蹲下,进行陪伴与幼儿聊天,给予幼儿安全感。

2. 一日生活中多与幼儿进行沟通、互动,帮助她尽快熟悉幼儿园的环境,减轻幼儿焦虑情绪,从而养成良好的如厕习惯。

3. 开展如厕健康教育,通过教育活动引导幼儿不憋尿,有小便及时告知老师,以此帮助幼儿适应在园小便。

4. 选择适合小班幼儿年龄特点的绘本图书如《出发,尿尿消防队》《我不尿裤子了》等绘本,引导幼儿逐步养成自主如厕的习惯;与幼儿分享儿歌《我会自己上厕所》、自编班级幼儿自主如厕的故事培养幼儿的如厕习惯。

【家庭建议】

1. 带领幼儿到户外进行活动，创设与他人接触的机会。定期与教师进行沟通，了解幼儿在园状况，达到家园一致的教育作用。

2. 在家培养幼儿自主如厕的习惯，在外出前后，进餐前后，睡觉前后提醒幼儿小便，逐步养成排便规律，并鼓励幼儿有小便及时告知成人。

3. 阅读有关绘本，帮助幼儿养成自主如厕的习惯，并能大胆、主动与教师进行沟通。

教师：臧思凡

我可以自己做

——小班日常生活卫生习惯培养案例

【故事回放】

“老师，我拉完了。”盥洗室传来了荞雨清晰的声音。

我走进盥洗室，荞雨正蹲着抬头看我，那双大眼睛忽闪忽闪的。

我扯了三块厕纸弯下腰，对荞雨说：“来，起立弯腰，我检查一下。”我用厕纸擦了两下，发现荞雨自己擦得很干净了，便说：“荞雨，你擦得很干净，进步非常大！”其实在两周之前，荞雨还不会自己擦屁股呢。

某天户外活动结束，小朋友在老师的组织下回到小椅子上休息，荞雨走到我面前说想要大便。我叮嘱他，大便后要叫老师帮他检查屁股擦得是否干净，荞雨点点头去了。

过了一会儿，我隐约听到荞雨的声音在盥洗室传来：“老师，我拉完了。”保育老师在盥洗室看护他，便直接去帮助荞雨检查擦屁股的情况。

午休时，保育老师对我说起了这件事情，上午在给荞雨检查擦屁股的情况时，发现荞雨并不会自己擦。

【现象分析】

1. 家长包办代替过多，导致幼儿没有动手尝试擦屁股的机会，慢慢地对成人产生依赖性。

2. 在案例中发现前后几次荞雨叫老师检查屁股时声音大小上产生了变化，不会擦时声音小，会擦时声音变大，幼儿在前期缺少自信心。

【教育策略】

1. 通过儿歌、教育活动等方式，掌握正确的擦屁股方法。

儿歌:我会擦屁屁

手纸叠一叠,撅起小屁股。

这边擦一擦,那边擦一擦。

手纸叠一叠,中间从前往后擦。

再擦一遍更呀更干净。

2. 在盥洗室内增加有关擦屁股步骤的方法的墙饰,供幼儿观看学习。

3. 利用幼儿园区角活动娃娃家,让幼儿扮演家长,学习给小宝宝擦屁股,从而学会擦屁股的方法,迁移到自身上。

【家庭建议】

1. 要对幼儿多些耐心,比如天气转冷时,要给幼儿多留些时间穿脱鞋子、外套。给幼儿时间来练习和掌握这些技能。

2. 当孩子不会擦屁股时,成人要鼓励并教会他们方法,不要帮忙去擦。在穿衣服有困难时可以示范,而不是直接帮他穿好。

教师:刘　珺

我憋不住了——午睡时间频繁小便

——大班日常生活卫生习惯培养案例

【故事回放】

大骏很少在幼儿园午睡,妈妈说:“我家这孩子就是精力旺盛,在家从来不睡午觉。”刚刚开学,午睡时间大骏躺在床上,会不时地问我:“老师,起床了吗?要起床了吗?”当我告诉他要14:15起床后,他皱着眉头说:“老师,都这么久了。什么时候到啊?”然后,在床上说:“老师,我想小便。”“去吧,轻轻地。”回到床上,他开始玩手指,一会儿又说:“老师,我想小便。”我问:“你怎么还想小便啊?有没有不舒服?”“没有不舒服,我就是很想去。”慢慢地我发现他会在午睡时间要求去小便,而且小便次数渐渐开始变得频繁,去卫生间的时间也开始逐渐变长,有的时候还会在卫生间唱起歌来。

通过和妈妈的沟通,也带他到医院进行了检查,说他身体并没有问题。这天午睡时间,我特意提示大骏,上床前先去小便。结果刚刚上床一会儿,就说:“老师,我想小便。”我开始和他商量:“可不可以等一会儿,因为你刚刚小便完啊。”他点头同意后,过了2分钟,他又说:“老师,我憋不住了。我真的憋不住了!”然后,就下床小便了。但是回到床上10分钟后,又说:“老师,我还想小便,我憋不住了,我真的憋不住了!”然后,开始蹭床、用手捂住下体，用肢体行为表现出他要小便的意思，于是，他接下来每次去小便，我都会陪他去，前两次他都小便出来了，但是后来又去的几次他并没有小便。

【现象分析】

1. 大骏对午睡这件事情产生了焦虑的情绪。

由于家长和老师都很关注大骏午睡的情况，所以，对于大骏来说，午睡是一件心事，也是件难事，这种情绪促使他想要离开睡眠室，他觉得午睡时间太长，当他睡不着的时候，哪怕只是从睡眠室到卫生间的距离，大骏都觉得能够解除焦虑，所以他会频繁对教师提出自己要小便的要求，出现强调自己憋不住的语言。

2. 没有建立良好的午睡习惯。

大骏在中小班的时候就有午睡时间频繁小便的情况，通过和之前他的班级教师联系沟通，我了解到大骏在每次开学后都需要教师重新进行引导。在家庭当中，妈妈也觉得他精力旺盛，中午不睡觉很正常，导致他没有养成良好的午睡习惯。

3. 精力旺盛，利用憋不住尿的行为到卫生间放松。

大骏在班级中是力量担当，爱跑，爱跳，有用不完的精力和力气。所以，到了午睡的时候，他并没有想休息的意思，大骏前两次是有小便的，后来的几次，并没有小便，证明他并不是憋不住尿，而是想以小便的理由，到卫生间"放松一下"，有的时候，还能唱起歌来。

【教育策略】

1. 积极应对幼儿的焦虑行为。

大骏对于自己不易入睡产生了一定的焦虑，作为教师，首先要理解、接纳、尊重幼儿的意愿，其次我们还可以通过播放睡前故事、让大骏每天选择陪睡玩具等教育手段，帮助大骏弱化午睡和小便的事情，转移注意力，消除焦虑的同时建立良好轻松的心理环境。

2. 帮助幼儿建立良好的午睡习惯。

午睡前，教师为了让幼儿有更好的睡眠，同时防止幼儿着凉，会建议幼儿睡前小便，针对这一情况，教师需要单独提醒大骏在上床前去卫生间小便，且减少他午睡前的饮水量。

3. 帮助幼儿发泄多余精力，建立睡前聊天时间。

在午饭后教师会安排幼儿散步，一是让幼儿的肠胃能更好地进行消化吸收，防止午睡时出现食管逆流的危险；二是帮助幼儿发泄多余的精力，为幼儿的午睡进行铺垫，针对大骏的情况，我们建立了睡前的聊天时间，除了发泄精力，还可以促进幼儿的语言和社会交往能力的发展。

【家庭建议】

1. 发泄多余精力。

生活中,建议家长增加幼儿外出活动锻炼的时间,积极参加体育运动。爸爸妈妈可以和大骏一起制订体育锻炼计划表,让大骏更加喜欢体育锻炼。

2. 养成良好的午睡习惯。

在家庭生活中,建议家长调整作息时间。家长可以和大骏约定午睡时间和午睡时长,可以从半小时逐渐增加至两个小时的午睡时长,使大骏减少午睡焦虑。

3. 适时表扬增加幼儿的自信心。

针对大骏的每一次进步行为家长都要及时给予鼓励和奖励,让大骏对于午睡的行为更加有自信心。

教师:刘　赛

午睡的"十万个"问题

——小班日常生活卫生习惯培养案例

【故事回放】

开学一段时间后,早来园时的哭闹减少,班中幼儿基本适应了幼儿园的生活。今天午睡时,孩子们在老师的提示下整理衣服,这时传来了一位小朋友的声音。

葫芦:"媛媛老师,我这样摆放鞋子对吗？你可以帮我脱一下衣服吗?"媛媛老师:"好的,没有问题。"

在老师帮助他后,提醒整理好衣服的小朋友们上床前需要先去小便时,葫芦:"老师,小便完要去干什么呢?"

媛媛老师:"葫芦宝贝,那你来告诉老师我们接下来要干嘛吗?"

葫芦:"是不是应该去睡觉了啊？对了,我们还应该把拖鞋放到小床下摆整齐,对吗?"

媛媛老师:"是的,葫芦你回答得很准确,还不忘记上床前要把拖鞋摆整齐!"小朋友小便以后准备上床睡觉了。当班里的孩子们躺下,老师和孩子们互道了一声午安后,孩子们静悄悄地进入睡梦中。

十几分钟后,就听到了有小朋友说话的声音,老师伴随着声音来到了葫芦的床旁。

葫芦:"老师,我睡不着,你可以陪陪我吗?"

媛媛老师:“我可以陪陪你,但是我们不要吵到其他小朋友,他们已经睡着了。”

又过了几分钟后葫芦小声地问:“老师,还有多长时间起床呢?起床以后我们要做什么呢?”

媛媛老师:“葫芦先闭上眼睛睡觉,到起床时间老师会叫你的,起床以后你就知道要做什么了呀!”

葫芦:“好的,你会叫我起床的吧?”

老师:“老师第一个叫葫芦起床啊!”

葫芦:“老师,起床以后我们就可以吃加餐了吧,今天吃什么加餐呢?是苹果吗?”

媛媛老师:“这个问题我先不告诉你,起床以后你自己去找答案好吗?”

在这一次交谈后,他转身闭上了眼睛,我轻轻地拍拍他,没有一会儿他就进入了梦乡。

【现象分析】

1. 葫芦从小在家里没有养成每天午睡的习惯,所以在午睡环节他总有“十万个为什么”与老师进行沟通,老师在身边能够满足他需要人陪伴的心理。

2. 葫芦虽然能够坚持每天来园,但是他的适应能力不强,尤其在午睡环节还是需要成人的陪伴,同时对老师产生了一种感情的寄托,他希望通过老师的鼓励、肯定等积极的态度来缓解焦虑。

【教育策略】

1. 利用教育活动或区域游戏时间,分享关于睡觉的绘本,并和葫芦沟通午睡的重要性,在每天起床后及时给予鼓励。

2. 循序渐进,不强制入睡,从安静午休开始。教师运用床边陪伴、睡眠室陪伴、声音陪伴的方式帮助幼儿逐步养成独立午睡的习惯。

3. 可以鼓励葫芦做午睡小小检查员,引导他观察其他小朋友的午睡状态,学习模仿同伴的做法,帮助幼儿逐步适应幼儿园生活,养成良好的生活习惯。

【家庭建议】

1. 家长要注重培养幼儿良好的睡眠习惯,知道午睡对幼儿身体发展的重要性。

2. 陪伴孩子一起午睡,或开展午睡前分享活动,可以利用睡觉前分享发生的趣事,也可以分享绘本,为幼儿创设安静的午睡环境。

教师:王媛媛

整理衣服有方法

——小班日常生活卫生习惯培养案例

【故事回放】

新入园的小班孩子第一次体验集体生活,一切都在慢慢适应中。据我了解班上的孩子大多是祖辈人在看护,自理能力相对弱一些。

小班新生入园,午睡时小朋友需要脱掉外衣、外裤等,整理放在自己的小椅子上。但是刚开始的这几天情况有些乱,有的小朋友自己尝试着脱掉上衣、裤子;有的小朋友哭着坐在椅子上不会脱,还说着不睡觉;有的小朋友寻求老师的帮助……等小朋友都上床后我们却发现孩子们的衣服放得很不规整,有的没有叠好,有的还是反着放在椅子上,还有的放在了地上……

【现象分析】

1. 小班大多数幼儿自理能力较弱,还没有掌握正确的穿脱衣服方法。

2. 幼儿年龄较小,家长较为宠爱,会有包办代替的情况。

3. 小班幼儿的年龄特点,设计了“叠衣服”这一社会活动,意在初步培养幼儿的生活自理能力。

【教育策略】

1. 开展教育活动,利用过渡环节的时间用儿歌来帮助孩子了解(和记忆)穿脱、叠衣服方法。

2. 在娃娃家、午睡前等环节中提醒幼儿边说儿歌边穿脱、叠衣服,加深印象。

3. 利用“生活日”开展叠衣服方法视频分享叠衣打卡小活动,与家长沟通以视频形式分享到班级群,增加幼儿参与兴趣,提高参与性。

4. 班级开展自理能力穿脱、叠衣服大赛,鼓励幼儿提高自理能力。

【家庭建议】

1. 在孩子刚学习自主穿脱衣服时,建议家长们应选择方便穿脱的套头短袖T恤,松紧运动裤。

2. 刚开始时,最好能用一些前(正)面有标志或卡通的衣服。引导孩子认识这些标识,帮助他们记住前(正)面。

3. 多给孩子机会尝试自己穿脱衣服,或是家长共同与孩子一起说儿歌练习。

教师:梁希宇

被窝里画“地图”
——中班日常生活卫生习惯培养案例

【故事回放】

午睡起床了，小朋友们都陆陆续续起床、小便、洗手，可是熙熙小朋友还趴在自己的小床上一动不动，我走过去问他：“熙熙你怎么了，是不是有事需要老师帮忙？”熙熙回头看着我，一副愁眉苦脸的样子，一声也不响。我又问他：“做梦了吗？梦见不开心的事情了？”他只是摇摇头，见他没有要起来意思，我拉了拉他的小手，想帮他坐起来，可是当我右手摸到褥子时，发现他的秋裤、褥子都是湿湿的，这才恍然大悟，小声地说：“熙熙，你是不是尿床了？”他点点头一副很伤心的样子。我安慰他：“睡觉前去小便一次就会好很多。”熙熙想了想点点头说：“老师，下次我不尿床了。”

没过两天，熙熙又尿了床。他坐在自己床上，一脸无奈地嘟着嘴。我走上前问：“熙熙，是不是又尿裤子了？”熙熙说：“嗯。”我问：“做梦了？梦见什么有意思的了？”熙熙一听：“刘老师，我梦见了去游乐场，坐旋转木马！可有意思了！”我说：“是吗？无论玩得多开心咱们也要去卫生间小便哦！”熙熙开心地点点头，开心地起身去换了衣服。

通过日常观察发现熙熙小朋友尿床现象频繁发生，与家长沟通交流后得知幼儿在家中尿床的现象也经常发生。

【现象分析】

1. 幼儿生理方面：通过询问父母均未有遗传史，并且排除了器质性因素。幼儿睡前活动量过大，过度疲劳睡得过熟。熙熙小朋友很喜欢喝粥喝汤，临睡前会忘记小便。

2. 幼儿心理方面：熙熙小朋友比较胆小、敏感，而在尿床后受到爸爸妈妈的责骂变得更加自卑和害怕。他越担心尿床就越容易造成精神高度紧张，故而多次尿床。幼儿尿床有时是挫折或郁积的表达方式，故意跟大人唱反调，也可能是幼儿想通过这种行为引起大人的注意，得到大人的关注。

3. 家庭因素方面：熙熙的爸爸妈妈属于老来得子，因此对孩子倍加爱护，不对孩子进行排尿训练，孩子对尿道括约肌的控制不能自如进行，膀胱涨满一定程度，孩子就控制不住导致小便失禁。每当发生尿床事件时，孩子面对父母的指责和惩罚更容易紧张、焦虑，会更容易尿床，也就是越指责越尿，这是个恶性循环。

4. 幼儿园因素方面：气候变化如突然寒冷，幼儿不想起床入厕。在户外游戏时，幼儿玩的时间过长或过度兴奋劳累，导致午睡睡得很深，不容易被尿急感惊醒，不能及时醒来，而孩子这时多会产生小便的梦境，做着正在解小便的梦，于是会放松尿道括约肌，排出尿液。

【教育策略】

1. 教师要保护幼儿的自尊心。不要伤害幼儿的自尊心，不要把儿童尿床当成笑料，更不要因此大惊小怪。幼儿意识到自己尿床很难为情，所以和他交谈时鼓励他大胆地向老师说出自己的意愿，在幼儿心情很糟糕的时候适时鼓励并提出解决方法。尿床的幼儿也有自己的苦恼，比如：他不敢在朋友家留宿，不敢外出住宿，当被发现尿床时，他会感到尴尬或不安。因此，当幼儿尿床时，教师对幼儿应多劝慰、鼓励，而不是斥责。幼儿稍有进步就予以表扬，以增强其信心。

2. 养成良好的生活习惯。合理安排幼儿学习、游戏时间，为幼儿安排一个科学合理的生活作息表，将幼儿的一日生活形成一定的规律，保证幼儿得到充足的休息，以免过于疲劳。幼儿生长发育迅速，新陈代谢快，好动，消耗水分多。为保持幼儿体内消化、吸收、循环、排泄等生理功能的正常进行，必须为幼儿提供充足的水量，使幼儿每日进水量和失水量达到相对平衡。

3. 教师运用正确的方式引导幼儿排便练习，养成良好的排尿习惯。按时组织幼儿上厕所，午休前适当控制幼儿饮水量。首先，要训练幼儿不要憋尿，养成定时排便的习惯。其次，有时幼儿因贪玩而憋尿，老师应及时提醒幼儿排尿或大便。起床后应先让他小便，以免憋尿时间过长。但也不要频繁让幼儿排尿，强行要孩子大小便，使幼儿形成逆反心理，不利于定时排尿排便习惯的养成。

4. 注意睡前活动的运动量及兴奋强度。幼儿很容易兴奋，在孩子睡觉前一段时间内要减少孩子的活动量，避免太过劳累。吃完午饭到午休前，老师可以组织幼儿散步等轻松的活动，给幼儿放舒缓的音乐。

【家庭建议】

1. 积极应对幼儿的尿床问题，利于幼儿身心健康。

对于频繁尿床的小朋友，教师要先与其家长进行沟通。如果因为疾病等因素建议家长尽早地带幼儿到正规医院进行治疗。同时，让家长多为幼儿准备几条干净的裤子，留在幼儿园备用。

2. 适时适当表扬鼓励幼儿。

引导家长可以运用讲故事或观看动画视频的形式与幼儿共同探讨尿床了怎么办的问题，缓解幼儿的情绪焦虑，给予更多的关注。如果发生尿床次数减少或一段时间没有这种行为，要及时给予表扬鼓励。让幼儿体验到不尿床带来的好处，幼儿想获得更多的表扬，就会尽量控制自己不尿床。通过这样的表扬也能增强幼儿不尿床的信心，让他们相信自己这次没尿床，下次也能做到。

3. 养成正确的排尿规律。

老师和家长要加强沟通，共同探讨如何更有效地帮助幼儿解决尿床问题，并指出他们方式中存在的不足以及由此将产生的严重后果，赢得家长的信任和支持，并逐步调整不当的教育方式。对幼儿尿床问题，通过家园双边不断交流，找出适合幼儿排尿训练的方法，使幼儿尿床这个问题得到较好较快的解决，为幼儿营造一个宽松和谐的氛围，让孩子轻松快乐地成长。

教师：刘 赛

为什么不愿意在幼儿园大便

——小班日常生活卫生习惯培养案例

【故事回放】

镜头一：等待离园的时候，我带着小朋友一起做手指游戏，轩轩抿着嘴一言不发，也不与我互动，我问他："轩轩，你怎么不做手指游戏？"他看了看我什么也不说。一会儿轩轩的爷爷来接他了，他急忙拉着爷爷的手就跑走了。第二天早来园的时候，轩轩的爷爷告诉我轩轩昨天是憋着大便呢，一路跑着回家拉大便去了。于是，我趁没人的时候单独问轩轩："你为什么不愿意在幼儿园大便？"他说："我想回家大便，不想在幼儿园。"我说："在幼儿园大便不是一样吗？憋着多难受呀。"他看了看我说："那我也想回家拉。"

镜头二：区域活动时间，我总是觉得有臭臭的味道，找来找去最终发现味道是在美工区，于是我到美工区问："是不是有小朋友不小心拉裤子了？"其中三个小朋友说："不是我。"只有轩轩不说话。于是我赶紧把他带到没人的地方一看，果然是他拉裤子了，我急忙给他清洗了身体换上干净的衣服。事后我问他："轩轩，拉大便怎么没去卫生间，是肚子疼吗？"他小声地说："不疼。"我又问："那怎么回事呢？"他说："我不敢。"

【现象分析】

1. 幼儿的羞耻心。幼儿认为在幼儿园大便味道很臭，让别的小朋友或者老师看见很不好意思，是羞耻的事情，他们不想把自己不好的一面展现出来，怕被笑话，所以他们宁可憋着。

2. 幼儿的恐惧心理。憋大便的行为多发生在小班。幼儿突然来到陌生的环境，会没有安全感，他们对教师也没有建立足够的信任，因为自己不会擦屁股，存在怕被教师嫌弃等心理因素。

3. 幼儿不习惯蹲便。幼儿园的卫生间是采用蹲式，而家中大部分是坐式。幼儿在使用幼儿园的卫生间时总担心自己掉下去。还有的幼儿因为腿部力量有限，蹲时间久了会出现不适，因此非常排斥在幼儿园大便。

【教育策略】

1. 教师与幼儿一起阅读关于拉大便的绘本，让幼儿了解大便形成的过程，知道拉大便是一种自然现象，憋大便是对身体有害的，从而克服幼儿在幼儿园紧张的心理因素。

2. 对于腿部力量不够的小朋友，教师要多予以帮助，在幼儿上卫生间的时候扶稳他，确保他不会因为腿部力量不足坐进便池内。另外，在卫生间便池两侧安装扶手，在幼儿便后起身的时候有助力作用。

3. 教师要努力营造宽松、有爱的生活氛围，建立良好的师幼关系。教师要及时关注幼儿的状况，特别是胆小的幼儿。对于出现拉裤子的幼儿教师不能苛责，更不能当着所有的小朋友公开事件，保护幼儿的自尊心不受伤害。

【家庭建议】

1. 家长帮助幼儿使用不同的如厕方式，克服恐惧心理，让幼儿感受到大便后身体的轻松，在幼儿想大便的时候及时告诉教师，没有必要感到尴尬或羞耻。

2. 家长要培养幼儿的自理能力，教会幼儿如何使用蹲便，如何擦拭、脱穿裤子等，当幼儿使用过程后就会减少抗拒心理。

3. 特殊情况主动与教师沟通，比如幼儿在如厕的时候需要帮助，或者是幼儿有便秘的情况等，只有这样教师才能清楚了解到幼儿的需求，及时给予帮助。

教师：马　健

分清左右脚

——小班日常生活卫生习惯培养案例

【故事回放】

午睡起床后，我发现淼淼穿了一双漂亮的新鞋子，便问道：“这一双漂亮的公主鞋是谁的呀？”淼淼美滋滋地回答：“是我的，是我妈妈给我买的。”

“哇，这双鞋子还有一对蓝色的蝴蝶结，这么好看的鞋子淼淼今天可以自己穿上吗?”

“老师,我不会,平时都是妈妈给我穿鞋子。”

“那这次老师给你唱一首关于穿鞋子的儿歌,咱们跟着儿歌试着自己穿好不好?”

“两个好朋友,从来不分手,要来一起来,要走一起走,要是穿对了,它们头碰头,要是穿错了,它们把头扭。”

我边说儿歌边给淼淼演示,帮助淼淼发现两只鞋的不同。

“看,左边鞋子上的蝴蝶结冲着左边,要穿到左脚上,右边鞋子的蝴蝶结冲着右边,要穿到右脚上,否则两只小蝴蝶的头就要撞在一起了,会很疼的。”

在儿歌的引导下,淼淼尝试自己穿鞋,不一会儿,淼淼自豪地走到我面前:“老师,你看我穿得对吗?”我及时肯定了淼淼,用夸张的语气对她说:“你真棒！这次穿对了！分清了左右脚。”我还在全体幼儿面前夸奖了淼淼,淼淼露出灿烂的微笑。

【现象分析】

1. 幼儿年龄小,空间知觉发展不足,还没有建立对左右的认知,同时观察力也处于发展中,需要老师引导才能更细致地观察。

2. 幼儿刚刚进入集体生活,生活自理能力尚需提高。

3. 由于家人的过度“帮助”,包办代替,使幼儿没有独立动手的机会,不能很好地掌握生活技能。

【教育策略】

1. 引导幼儿学会观察事物相同或不同的特征,从中发现解决问题的方法。

2. 抓住教育契机,从幼儿的兴趣点入手,以儿歌、故事等幼儿喜欢、易理解的方式,帮助幼儿掌握方法。

3. 运用鼓励性的语言进行引导,同时老师要在整个过程中观察幼儿的行为,发现时机就要进行鼓励。

4. 采取示范法,跟幼儿一起动手操作,对幼儿进行指导。

5. 家园共育,通过家长会、面谈等形式,帮助家长建立正确的教育理念,掌握科学的教育方法,配合幼儿园工作。

【家庭建议】

1. 在为幼儿选择日常用品时,要挑选相对简洁、特征明显的。比如:可以先选择左右标志不同的鞋,或是选择有粘扣的鞋,根据粘扣的不同方向区分。

2. 学用老师提供的小儿歌,与幼儿一起以游戏的方式帮助幼儿练习。

3. 为幼儿提供相关的玩具或是绘本,潜移默化地引导幼儿。

4. 在家中创设良好的生活环境,在保证安全的情况下,放手让幼儿多尝试、练习,鼓励幼儿做力所能及的事。

教师:蒋振宇

淘气的鞋宝宝

——小班日常生活卫生习惯培养案例

【故事回放】

午睡起床后,小朋友们开始尝试自己穿衣服和鞋子,因为不能分清鞋子的左右,常常会有很多小朋友出现穿反鞋的现象,穿反了鞋子的他们走起来有一些不舒服,但并不知道鞋子是反的。一次童童很高兴地走过来跟我说:"老师,今天是我自己把鞋子穿好的。"我看了一眼她的鞋子,悄悄地对她说:"今天童童真棒,鞋宝宝真是太淘气了,左边的鞋子跑到右脚上去了,快让我们把淘气的鞋宝宝送回属于自己的家吧。"童童点点头赶紧走回到座位将穿错的鞋子换了回来。虽然在起床后我经常提醒孩子们,小朋友还是会有穿反鞋的情况。

【现象分析】

1. 小班幼儿认知能力较弱,对物体空间位置和方位,只能够理解上下、前后、里外等一些简单的内容,对鞋子的正反没有明确的概念,鞋子形状与脚的形状之间的关系没有建立起来,所以经常会出现穿反鞋的现象。

2. 部分幼儿的自理能力较弱,在日常的生活环节中就会显得手忙脚乱,尤其是在起床后需要穿衣服和鞋袜,还要如厕等,由于自身能力弱所以会比较着急完成这些"任务",从而出现穿反鞋的现象。

【教育策略】

1. 通过儿歌《鞋宝宝》,两只穿在脚上的鞋子在老师的口中变成了宝宝还赋予他们吵架的情节,帮助孩子在情节中关注到鞋子是分左右的,只有穿对了鞋子宝宝才会开心,利用儿歌帮助幼儿掌握正确的穿鞋方法。

2. "指南"中指出幼儿园活动内容的组织应充分考虑幼儿的学习特点和认知规律,以游戏为主要的学习方式。过渡环节通过游戏的方式提高幼儿辨别方位的能力。

3. 提供鞋宝宝小脚印,幼儿穿鞋后可站在脚印上进行对比,通过观察鞋的外形判断鞋子是否穿对，鼓励幼儿争做乖乖的鞋宝宝，并给予一定的奖励，帮助幼儿学会正确的穿鞋方法。

4. 设计认知方位目标有关的玩具材料，引导幼儿在区域活动中进行操作和练习。

【家庭建议】

1. 提醒家长："要相信孩子们的能力，学会放手，不包办代替，让孩子们多去尝试，不断提升自理能力。"

2. 为了更好地锻炼幼儿自理能力，家长可以在左右鞋上贴上不同贴纸等方法，让幼儿通过贴纸初步区分左右鞋。或者选择有粘扣的鞋子，根据粘扣的方向区分。

3. 帮忙穿鞋法。在家长需要穿鞋时可让幼儿帮忙穿，学用儿歌练习穿鞋，家长给予适当地肯定评价，穿错及时纠正但不要批评，可以多次练习。

4. 幼儿骨骼发育期，要为幼儿准备合适、舒服的鞋子。

5. 亲子阅读，选择相关的绘本与幼儿一起看一看，学一学。

附儿歌：

"两只鞋宝宝，一对好朋友，穿对了，高兴头碰头，穿反了，生气背对背。"

教师：李 孟

丢三落四的孩子

——小班日常生活卫生习惯培养案例

【故事回放】

小杰是一个活泼好动的男孩子，但平时总是丢三落四的。

整理仪表时剩下一件黑色外套，老师问了一圈，都没有孩子认领，只能在班级群里询问家长，小杰的妈妈回复："是我们家小杰的。"

美术课，浩浩捡到了一支荧光笔，老师在班里问："这是谁的荧光笔？"大家纷纷说不是自己的，老师只能发到群里由家长认领。放学后，小杰妈妈在群里说道："老师，那个是小杰的笔。"又说："今天他把新买的油画棒带在书包，也没了好几支！有没有哪个小朋友捡到了？"

下午，老师向孩子们说明了晚上回家要完成树叶贴画未完成的内容，并吩咐第二天带来学校。第二天来园时，老师发现小杰没有把昨天交代的树叶贴画带来，妈妈不好意思地说："昨天的作品他忘记放书包了，我待会儿送过去。"

【现象分析】

1. 缺乏良好的整理习惯和物品管理意识。可以看出,对待自己的物品,如衣服、文具等,小杰没有管理意识,随处乱放,物品的收放、保管过分依赖他人,出现问题也依靠父母解决,对丢三落四导致的后果缺少体验。

2. 自理能力弱,缺乏自我管理的能力和经验。小杰对自己的物品并不熟悉,缺乏收放、整理的经验,可见父母包办代替过多,幼儿缺乏自主学习管理物品的机会,很少有机会体验"自己的事情自己做"的完整过程。

【教育策略】

1. 帮助幼儿建立管理物品的意识。坚持正面教育,通过谈话、教学活动、榜样激励等帮助幼儿建立初步的物品管理意识。并且让孩子知道为什么要这样做,如不这样做可能会出现什么后果等。在可能的情况下让幼儿体验"自然惩罚",明白丢三落四是不好的习惯。

2. 为幼儿创造管理物品的机会。一日生活中积极利用区角活动、游戏、竞赛及各种活动契机,引导幼儿自主管理学习、游戏材料,及时物归原处,提高物品管理意识和爱护物品的责任感,培养幼儿的自理能力。

3. 帮助幼儿学会如何管理自己的物品。通过设计相关的教育活动,利用故事、童谣等方式,帮助幼儿认识各种物品的名称及用途,教会幼儿学习如何整理、归类,知道正确的摆放方法,获得管理物品的技能,懂得爱护物品。并及时支持、鼓励,帮助幼儿获得自我管理的成功感。

4. 加强家园联系。帮助家长树立正确的教育观念,配合幼儿园的教育,在家有意识地锻炼幼儿自主整理、管理物品的能力。

【家庭建议】

1. 在家有意识地引导孩子学会管理自己的物品,养成做事认真、善始善终的良好习惯,增强计划性和条理性,提高自我管理能力。关注孩子的点滴改变,及时肯定、表扬。

2. 在必要和可能的情况下,适当地给予孩子自然惩罚。玩具找不到,就不能玩,家长不要帮忙;忘带学习用品,不要给他送去,让老师批评或借别人的用,从而让孩子产生羞耻感和不方便的体验,吸取教训,改正自己的行为。

3. 给予具体的教导。要教育孩子如何整理、保管好自己的物品,使孩子获得管理物品的技能,从而为养成良好的生活习惯提供基础。

4. 坚持家园教育的一致性,不包办代替。经常给孩子提出行动的方向和要求,并检查督促。如"玩过的玩具及时收拾""用完东西及时归位"等,以身作则对孩子进行反复的实践锻炼,形成良好的自理习惯。

教师:刘　赛

第二节 社会交往习惯培养教育故事

博博的秘密

——小班社会交往习惯培养案例

【故事回放】

晨检时,我和来园的小朋友们打着招呼,随着一句句"老师好",我的视线中出现了博博:"博博早上好!"博博看着我没有说话,随后我蹲下给他检查小手的时候看着他的眼睛又说了一声:"早晨好博博"! 博博低着头盯着自己的手掌并没有回应。后面小朋友已经有四五个在排队了,琪琪说:"老师,他害羞了吧?"萌萌洗完手从盥洗室出来发现说:"真淘气,每天都不打招呼,妈妈说这样没礼貌!"我看博博的表情越来越不自然,于是先请他进班洗手。随后我发现当其他小朋友跟他打招呼时,他气呼呼的谁也没有理,自顾自地玩起手头玩具。晨检结束后,我趁着点名的工夫,表扬了小朋友讲礼貌爱打招呼的行为,同时也提出希望小朋友们都能学会讲礼貌,和人们打招呼。区域活动间隙,我拉着博博说了悄悄话,告诉他:我相信你一定会跟老师主动打招呼的,博博轻轻点了点头。

第二天过渡时间,为了让小朋友们感受到讲礼貌的重要,我给小朋友们讲了一个故事《爱打招呼的小山羊》,并告诉小朋友们我们都要争当懂礼貌的小山羊,还会得到老师特意准备的向日葵小贴纸。放学的时候,很多小朋友都贴上了贴纸,萌萌放学的时候也得到了,还拿到博博面前炫耀,博博却急得直接把萌萌的贴画抢过来撕碎了,萌萌哭得很伤心。我去调解,并悄悄告诉博博只要他坚持每天都可以讲礼貌,就可以得到一个最大的贴纸。有几个小朋友围着博博问他老师说了什么,他却神秘地说了一句:"这可是我的秘密!"后来,经过我们和家长的共同努力,博博的胸口贴上了向日葵贴画。

【现象分析】

1. 幼儿在该年龄层中,由于认知发展和心理因素影响,有些幼儿会由于自我意识发展,形成了羞耻感等情感,会影响幼儿与人形成良好的社会交往习惯。

2. 幼儿因为成长环境影响,缺少学习良好行为习惯养成的社会环境,缺少与其他人群接触的机会，社会经验不足。

3. 与家长沟通得知博博平时与外界接触不多，博博与同龄孩子的正常交往也比较少，使孩子缺乏生活经验，不懂得用恰当的方法进行社会交往。

【教育策略】

1. 尊重幼儿年龄特点和心理发展轨迹，为幼儿营造宽松、包容、有爱的氛围，及时给予有效的指导，如礼貌用语、礼貌行为等等。

2. 注重言传身教，注重及时肯定。

3. 以游戏、绘本故事、“晨检小标兵”、“角色区优秀员工”等形式鼓励幼儿参与情境、角色的表演，生活与课堂相互融合的活动，启发幼儿与他人礼貌交往，逐渐掌握使用礼貌用语的良好习惯。

4. 与家长携手，开展班级“礼仪小标兵打卡活动”，改变家长观念，使得幼儿礼仪行为的巩固和内化。

【家庭建议】

1. 注重言传身教，用自己的语言和行为带动和影响幼儿行为。

2. 多创造与人交往的机会，特别是比较矜持、害羞的幼儿，可以先从与同伴交往入手，逐渐养成幼儿适宜的交往行为能力。

3. 寻找相关内容的绘本、动画视频，或是带领幼儿参与社区公益活动，鼓励幼儿积极参与幼儿园和教师发起的活动。

4. 鼓励幼儿在社会交往方面出现的良好行为，坚持正面引导，避免因不当语言行为而产生“负面”影响。

教师：朱小雪

宝藏男孩

——小班社会交往习惯培养案例

【故事回放】

情景一：区域活动中，拼插区的小朋友拼着手里的玩具。朗朗说：“我没有了，能给我几个吗？”鹏鹏把手里的玩具分给了朗朗几个。过了一会儿，我发现蒽蒽手里的玩具只有几个了，哭了起来，我便上前询问：“怎么了？需要我帮忙吗？”蒽蒽直接哭出了声音，鹏鹏说：“我们的玩具不够了，我的分给了朗朗一些，朗朗还想要，问了蒽蒽，但他没说话，朗朗就直接拿走了。”我再次问了蒽蒽：“你可以把困难告诉我，这样我才能帮你解决。”蒽蒽依旧没有回应。

情景二:过渡环节中,小朋友回来排队拿着魔尺玩,蒽蒽回来后看了看魔尺的筐,翻了翻,直接走回到座位,空手坐在那里,小朋友问他:“你怎么不拿魔尺啊。”蒽蒽看了看他并没有说话。过了一会儿,桐桐说:“老师,他掐我。”我上前询问情况,蒽蒽不说话,后来我把蒽蒽叫到没有人的地方,问了当时发生了什么。他还是没有回答我,我说:“那刚才小朋友说你掐他,有这个情况吗?”他说:“因为他拿了我的魔尺。”我说:“在过渡环节玩魔尺,小朋友先回来的先选择自己想要的魔尺,魔尺大家带来可以一起玩的,如果你想玩自己的可以,你可以跟小朋友说出你的想法。”于是他回到等待区拿了一根魔尺不一会儿拼出了一个球形,旁边的小朋友都在问他是怎么拼的,蒽蒽却没有理会。

【现象分析】

1. 幼儿不愿表达自己,入园和离园都需要老师提示才会说话。

2. 幼儿不愿与人沟通或沟通有困难,不愿把想法告诉别人,与老师和同伴还未建立依恋关系。

【教育策略】

1. 鼓励幼儿,从每天早晚来园、离园能主动和老师打招呼开始做起。比如早晚来园、离园时与幼儿热情打招呼,引导幼儿与老师进行互动。

2. 多为幼儿创设表达想法的机会,多与幼儿进行沟通,使其信任教师,鼓励幼儿将自己的想法大胆表现出来。比如:开展“故事大赛”活动,给幼儿营造一个学说、敢说、会说、喜欢说的语言氛围,鼓励幼儿大胆表现自我。

【家庭建议】

1. 多带孩子与小朋友接触并游戏,鼓励幼儿用语言表达自己的想法。

2. 在家多与幼儿进行一些适合该幼儿年龄段的亲子语言游戏、共读小儿歌、小故事等,帮助幼儿练习使用词汇、短句,增添交流的能力与信心,从而促进幼儿语言、社会方面能力的提升。

3. 及时与家长沟通幼儿的情况,为家长提出一些建议。比如:家长可以和幼儿聊一聊在幼儿园里或是身边发生的有趣的事情,增加利用语言交流表达的机会。

教师:丛　嵘

我才是老大

——大班社会交往习惯培养案例

【故事回放】

区域活动开始了，小泽选择了科学区。他在科学区拿出量杯和小球、铁块等材料，摆弄一会儿之后，他开始左顾右盼。小泽突然看到了美工区的岳岳，于是马上跑过去拉着他的胳膊说："你去，给我把量杯接满水，我要看看谁能沉下去。"岳岳看了他一眼，边捏着橡皮泥边说："你自己去，我捏蜗牛呢。"小泽双手叉腰大声说："我是老大，你必须听我的，你要不去我就打你！"岳岳不情愿地说："那我捏完这个就去。""不行，现在就去。"小泽依旧大声地喊着。岳岳只好放下手中的橡皮泥去给小泽接水。

区域活动结束后，我组织孩子们到户外游戏。默默对我说："老师，小雨拿我的篮球！"一旁的小泽听到后立刻冲了上去，把篮球抢了过来，站在小雨面前，大喊："快点把球给他！"并对着小雨使劲"哼"了一声。小雨只好把球还给默默。"默默，我是老大，我来保护你，不要怕。"小泽把手搭在默默肩上说。

【现象分析】

1. 同伴间互动增多，渴望去帮助别人。幼儿已经有了明确的团体意识，一般幼儿都会有几个比较要好的朋友，他们已经形成了比较固定的社交圈。

2. 模仿就是他们认为最简单、最直接的方式之一。经过了解小泽是单亲家庭，跟随父亲生活，爸爸的一言一行都潜移默化地影响幼儿的言行、品格。小泽的父亲性格比较豪爽，在家里也常用"老大"的口气命令小泽做事情，小泽爱当老大的行为受到了父亲的影响。

3. 在生活中，虽然父亲总是"命令"小泽做事情，但是由于条件富裕对他也是有求必应，孩子在与同伴交往的过程中，就会表现出蛮横、自私的行为。一旦自己的需求得不到满足，就会去欺负他人。

【教育策略】

1. 积极应对幼儿的行为。小泽爱当老大，喜欢寻求同伴的陪伴、认同，想要保护同伴，随着年龄的增长，这是幼儿社会性发展的表现。教师要理解幼儿的交往需要，以发展的眼光看待幼儿，积极地引导小泽用友好协商的方式解决同伴交往问题。例如想和好朋友一起游戏可以说"你能和我一起玩吗？""你能帮我做……吗？"

2. 通过与家长的沟通，使孩子的父亲认识到自己的行为给孩子带来的影响,以更积极的态度面对孩子,给孩子以良好的榜样。

3. 可以通过游戏互动的方式,让孩子体验欺负弱小的害处,获得不同角色的情感体验。比如让孩子扮演小白兔,老师扮演大老虎去抢小白兔的玩具。可以问孩子:“小白兔的玩具被大老虎抢了,小白兔是不是很伤心?你抢了别的小朋友的玩具,他也会很伤心的。”然后可以通过大老虎请求小白兔借给他玩具的方式,让孩子知道正确的交流方式。还可以通过生动的绘本故事或动画片,让孩子更加形象直观地理解欺负弱小是不好的行为,以及怎样做才是正确的。

4. 在为幼儿创设共同讨论的情景,了解协商的重要性。这样既改善了孩子以自我为中心的习惯,也培养了孩子与人沟通交流、表达想法的能力。

【家庭建议】

1. 生活中,注意自身的言行,要以孩子的语言与他交流,树立良好的榜样作用。

2. 可以通过和孩子提起翻看照片,讲述幼儿的成长故事,让幼儿感受到家庭的温暖。

3. 爸爸要用亲切的态度对待幼儿,关心幼儿,让他感受到长辈是可亲近的,可信赖的。例如多和孩子进行亲子游戏,营造温馨的家庭氛围。

教师:邹雅文

沙土风云

——小班社会交往习惯培养案例

【故事回放】

户外活动时,孩子们都在滑梯上玩耍。这时候瑶瑶想和齐齐一起玩,不过齐齐没有答应,于是瑶瑶从花坛中抓了一把土往滑梯上扔,瞬间弄得尘土飞扬,好几名小朋友头发上、身上都脏了。我赶快制止了瑶瑶的行为,并对她进行批评:“瑶瑶,你这么做是不对的,会把其他小朋友的身上弄脏的,以后不能这样做了。”没想到她对我的批评表现得不屑一顾,不理睬我。我说:“瑶瑶,你以后不要做了,好不好?”她依然对我的话不理不睬。我继续说:“如果你想和其他小朋友一起玩,就要有礼貌地和人家说,就算齐齐不同意,你也不能用这种方式……”还没等我话说完,她“哇”的一声哭了起来。

【现象分析】

1. 幼儿在家娇惯溺爱的现象比较普遍,大多数以自我为中心,缺乏同情心，稍有不顺心就会发脾气，并且不能接受批评。

2. 幼儿年龄小，情绪不够稳固，不具备良好的人际交往习惯和水平，在遇到问题的时候，往往不能够通过语言正确表达自己的想法。

【教育策略】

1. 为幼儿创设良好积极的交往环境。首先，教师要主动拉近与幼儿的距离，消除交往中的障碍，尤其是小班教师，要蹲下身来与幼儿成为朋友，对待胆小的幼儿要多关心、多照顾，对待活泼好动的幼儿要有足够的耐心。其次，鼓励幼儿与同伴交往，在一日生活中给幼儿创造交往机会，使幼儿能够表达自己的情感，增强交往的自信心。

2. 在角色游戏中重视交往习惯的培养。角色游戏是培养幼儿交往习惯的有效途径，在小班的娃娃家幼儿通过扮演角色，模仿成人进行活动，有了很多自由交往的机会，角色游戏可以发展幼儿无意识的合作，从而有利于幼儿良好交往习惯的养成。

3. 注重幼儿日常交往行为的培养。在幼儿园一日生活中会有很多突发情况，比如有的小朋友摔倒了，教师可以教育幼儿如何去关心他人；有的小朋友遇到困难，教师可以引导其他幼儿学会帮助他人等，通过一些善举可以使幼儿学习到与同伴交往的正确方法，有利于幼儿社会交往习惯的培养。

【家庭建议】

1. 鼓励幼儿多交朋友。家长要多给幼儿制造一些与同伴交往的机会，如让邻居家的小朋友来家里做客，带幼儿参加各类型亲子活动等，都是帮助幼儿多交朋友的方式。在幼儿交往发生矛盾时，家长不要过度干预，不要担心会“吃亏”，可以通过观察与幼儿一起找到解决方法，化解同伴之间的矛盾。

2. 在同伴交往中，家长要给幼儿正确的指导。在幼儿与同伴交往的过程中，要让幼儿明白一些社会行为规范，要教育幼儿尊重他人，不要嘲笑他人，在游戏的过程中互相谦让，不欺负弱小。

3. 不溺爱幼儿，把握赏识分寸，赏识教育并不完全排斥批评。如果一名幼儿极少挨批评，就难以意识到自己的缺点，一旦面临批评，就可能毫无思想准备而难以承受。因此日常教养过程中也要有意识地引入批评，这样才能帮孩子意识到批评和表扬同样常见，从而使幼儿健康快乐成长。

教师：马　健

合作力量大

——中班社会交往习惯培养案例

【故事回放】

在一次云参观小学后，孩子们对自己的小学很憧憬，于是，乖乖、鑫鑫、六六一起选择了建构区开始了“我心目中的小学”搭建活动。首先在搭建前，他们设计图纸、协商选择设计方案，自主分配任务，终于开始了他们的搭建。他们搭建得非常快，不一会儿，乖乖和鑫鑫已经搭建教学楼第二层了，就在这时教学楼突然向一侧倾斜下来。“哎呀，教学楼倒塌了！”鑫鑫着急地说：“怎么回事呀？教学楼为什么会倒塌呀？”听到他们的叫声，六六也围了过来，六六说：“可能是下面的板太薄了吧？”乖乖说：“也有可能是最下面的木板没有架牢？”鑫鑫点了点头说：“有可能，好吧！咱们再试一试。”于是鑫鑫把倒塌的木板收拾起来，和乖乖一边商量一边重新搭建，这次终于成功了。他们高兴极了，然而在一旁建构操场的六六不停地摆弄着积木，似乎遇到了困难，他不知道操场上有什么，于是他抬头询问同伴：“你们知道操场上都有什么吗？”同伴七嘴八舌地给他提供建议，“有跑道”“有篮球架”……鑫鑫还说：“我们参观小学操场的时候还有足球场呢。”“对对对，我也想起来了，还有升旗台。”六六开心地说道。于是他开始寻找合适的积木进行搭建，在三个人的共同努力下，他们心目中的小学最后终于搭建完成了。

区域活动结束了，老师进行区域点评，请这三位小朋友一起分享他们在建构区合作的过程。

【现象分析】

1. 在游戏过程中出现问题时，能一起寻找问题的根源。活动中，幼儿能热心地帮忙，一起寻找教学楼倒塌的原因，积极献计献策。

2. 虚心听取同伴建议，重新开始建构。在同伴提出建议时，乖乖和鑫鑫能认真听取，及时调整，更加仔细、整齐地搭建，最终获得成功。

3. 在遇到困难时，主动寻求同伴的帮助，得到同伴支持。六六对操场的生活经验欠缺，概念模糊，于是主动询问同伴，借助同伴的经验完成自己的任务。

4. 通过同伴提示唤起原有经验，寻找适宜的材料完成任务。当同伴提出操场上的器械和场地时，六六也突然回忆起小学还有升旗台，于是按照同伴建议丰富了体育场的设施，还搭建了高高的升旗台。

【教育策略】

1. 在建构游戏中,教师要充分放手,为幼儿提供尽可能多地自主交流合作的空间,把解决问题的权利交给幼儿,以同伴身份鼓励幼儿在活动中遇到困难能动脑筋想办法,认真完成任务。

2. 为幼儿创设与同伴交往合作和发表自己想法的机会。在幼儿园的日常生活中,教师要想方设法为幼儿创设与同伴合作学习、游戏、共同生活和自主协商解决问题的机会。如一起建构积木、看图书、画画、跳舞等,在活动中学会合作,自主协商解决问题。

3. 以点带面,树立合作榜样。在区域评价活动中,请三位幼儿介绍他们合作学习及合作解决问题的过程,以点带面进行教育,使幼儿萌发合作学习意识,强化合作行为。教师要及时观察幼儿的合作行为,对合作行为及时给予肯定、鼓励,强化反馈机制。

【家庭建议】

1. 通过游戏、做家务等与幼儿一起完成任务,并在活动过程中,以同伴的方式引导幼儿学会与别人一起解决任务中出现的问题。

2. 多带幼儿与其他幼儿游戏,在生活中出现问题时,能为幼儿提供自主解决的机会,鼓励幼儿大胆表达自己的想法,并及时与幼儿讨论解决问题的方法。

教师:李相池

值日生风波

——中班社会交往习惯培养案例

【故事回放】

一次区域活动中,小朋友们的谈论声吸引了我。嘟嘟说:“值日生就是提醒大家把玩具放到固定位置,这样我们可以快速找到它”;好好说,“值日生要为大家服务,可以检查小朋友们挂毛巾、放水杯”;梓迪说:“值日生可以检查小朋友有没有用七步洗手法洗手,闻一闻有没有香皂的味道。”芮芮说:“值日生可以给小朋友分发筷子、给植物浇水。”……孩子们就这样你一言,我一语,于是“值日生”活动就应运而生。

在幼儿刚开始做值日的时候,他们都非常开心可以来完成一些任务,但是最近几位小朋友之间的对话却让我对幼儿的值日情况进行了深思。乐乐说:“今天是我值日,你们都要听我的!”豆豆:“擦桌子有什么好炫耀的?我一个人就可以做。”冬冬：“明天我也要值日，我就可以得到好多贴画了。”这时果果说：“咱们要一起做，我只能做一件事情。”轩轩说：“是啊，我发盘子就不能看小朋友洗手了。”这时我走到孩子们面前对他们说：“那咱们该怎么做呢？”芮芮说：“不如我们一起做吧。”

【现象分析】

1. 幼儿没有理解值日生的意义，所以会出现争执，我们需要引导幼儿接受同伴的意见和建议。

2. 中班幼儿喜欢尝试不同的任务，同时也喜欢接受新事物与知识，我们可以让幼儿尝试分配小任务。

【教育策略】

1. 为幼儿创设“我分工、我快乐”环境，同时在活动区提供《南瓜汤》《兔子的金球》等绘本，让幼儿通过大胆交流、亲身体验等形式，感受分工合作的乐趣。

2. 鼓励幼儿利用绘画、图表等形式设计活动的内容，大胆交流自己的想法，对幼儿分工合作的行为给予鼓励，引导其他幼儿进行学习，尝试进行多种合作的活动。

3. 通过开展小组游戏、实验等形式培养幼儿分工合作的意识，同时教师在活动中也注意引导幼儿积极参与其中，共同合作。

4. 中班的幼儿能够接受同伴的意见和建议，可以通过奖励机制，鼓励幼儿完成值日生任务，从而体验分工合作的乐趣。

5. 视频分享，提高任务意识，通过拍摄一些大班哥哥姐姐分工合作的视频对幼儿进行分享，一方面可以提高小朋友对分工合作的认识，一方面起到榜样的作用。

【家庭建议】

1. 家长鼓励幼儿参与到家务劳动中，重复完成扫地、墩地、择菜等小任务，并与幼儿共同进行任务分配，分工完成，同时体会劳动的意义，培养他们的劳动能力。

2. 幼儿在家里完成家务的同时，家长可以为他们拍摄视频并发给老师，在班级进行分享，使幼儿获得成就感，从而产生劳动兴趣。

3. 通过亲子打卡、设计计划表等形式，引导幼儿和家长合作分工完成活动。

教师：刘　璐

摇晃的房子和桥

——中班社会交往习惯培养案例

【故事回放】

区域游戏时,凡凡和乐乐都选择了建筑区。凡凡想搭建房子,乐乐想搭建高架桥,两位小朋友各自搭建着自己的建筑物,互相之间没有交流。

搭建一会儿后,房子和桥都摇晃起来,乐乐看到凡凡每走一步,桥和房子就晃一下,凡凡也发现了这个问题,跟乐乐说:“我们一走房子和桥就晃,怎么办?”乐乐想了想说:“我来当你的搬运工吧,我先帮你把房子搭建好,你再帮我把高架桥搭建好,这样我们少走一些,房子和桥就不晃了。”凡凡微笑地说:“好。”凡凡站在房子前面,乐乐帮助运送积木,房子搭建好了。凡凡开始帮乐乐拿积木,乐乐搭建高架桥。

房子和高架桥都搭建好后,他们开心地把我叫了过去,看着他们的成果,我表扬了他们:“你们的房子很高很稳,桥也搭建得很牢固,这是你们共同搭建的吗?”凡凡:“是,桥是我拿的积木她搭的,房子是她拿积木我搭建的。”乐乐也高兴地说:“是我俩一起合作搭建完成的桥和房子。”我说:“你们这种合作的方法真有效果,不仅搭建得很快,还搭建得很牢固。”

【现象分析】

1. 凡凡和乐乐有协商、互助等初步合作意识。在搭积木的过程中出现问题时,乐乐不仅找寻解决的办法,还能够主动用语言表达自己的意向并征求同伴的同意。

2. 在搭建游戏中,两名幼儿都按照自己的想法进行游戏,凡凡发现建筑物有摇晃,能够找寻同伴帮忙并接受了同伴的建议。

3. 教师在幼儿活动时,给予幼儿充分思考的时间,让幼儿尝试自己初步合作解决问题,在幼儿解决好问题的时候,及时进行鼓励和表扬,增加幼儿的自信心。

【教育策略】

1. 过渡环节的时候,分享幼儿初步合作搭建的过程,共同找到他们解决问题所用的语言和方法,对幼儿这种初步合作的行为给予鼓励,引导其他幼儿进行学习,尝试进行初步合作的活动。

2. 为幼儿提供初步合作的环境,激发幼儿初步合作的意识,让幼儿自由交流、探究初步合作解决问题的多种方法,感受初步合作的乐趣,促进幼儿初步合作的发展。

3. 在日常生活中,开展丰富多彩的初步合作类活动,帮助幼儿体验与他人初步合作的意义和重要性。可以通过小值日生、收放户外器械、分组完成一个作品等方式,帮助幼儿掌握双人或多人初步合作的方法。

【家庭建议】

1. 利用故事绘本和幼儿分享、沟通在与他人交往中初步合作的方法,鼓励家长为幼儿提供体验初步合作的机会。

2. 生活中,让幼儿多参与到家庭劳动中,合作择菜、分工打扫卫生等,体验初步合作的重要性。

3. 父母的言传身教很重要,在家里父母要从自身做起,自己的事情自己做,好东西一起分享,家里的事情一起协商、初步合作完成。

4. 关注幼儿在与人交往中的态度、方法和语言,及时给予示范、建议等,促进初步合作行为的形成。

教师:王　京

我……不想说

——中班社会交往习惯培养案例

【故事回放】

片段一:这天小朋友们正在吃午餐,大家有序地到配餐桌前取餐具。正站在盥洗室门口的我听到一声:"老师! 菜撒啦!""怎么回事儿?"我急忙走回活动室。米粒说:"老师,不是我撒的,是祁祁弄的。"我看到祁祁站在菜和扣在地上的盘子旁边正皱着眉头看着我。我问她:"祁祁,今天怎么把菜扣在地上啦,是不是没拿稳?"她看着我摇摇头。"好吧,咱们还是先换了干净的衣服再说。你的小柜子里有换洗的衣服吗?"祁祁站在原地不动还是摇摇头。最后我们一起到小柜子里确认了没有衣服,又请祁祁的妈妈帮忙送一身换洗的衣服。

片段二:过渡环节时,我与小朋友们互相讨论着自己最喜欢的海洋生物。核桃说:"我喜欢小乌贼,因为它的皮肤可以变色,我觉得特厉害。"小曼说:"老师我家里有只小螃蟹,我特别喜欢它,每星期我都会喂它吃苹果。"当我想请祁祁来分享她最喜欢的海洋生物时,祁祁看着我,咬着指甲,看看小朋友又看看我不说话。我对祁祁说:"祁祁,如果你没有喜欢的海洋生物也可以说说你喜欢的其他小动物。"祁祁依然看着我不说话。过了一会儿,祁祁的眼泪开始在眼睛里打转。"那如果等你想好有喜欢的其他的任何东西都可以和我们来分享,好吗?”祁祁点了点头,依然没有说话。

【现象分析】

1. 片段一中:幼儿除自身性格较为内向,不喜欢表达外,还有将自己“撒菜”“没有换洗衣服”的情况判断为“错误行为”,当老师进行询问的时候便更不愿意表达。

2. 片段二中:幼儿性格内向不自信,不擅于表达且极少在集体面前发言。所以在集体讨论环节中发言,使她感到陌生,从而产生畏惧、反抗情绪。

3. 家庭环境因素对幼儿语言表达、社会交往能力影响较大。祁祁爸爸工作较忙,生活中较严厉;妈妈较重视哥哥学习方面的问题,和祁祁的交流沟通与互动较少。且幼儿除在幼儿园外,并不经常到户外活动,也很少和周边同龄幼儿玩耍。

【教育策略】

1. 一日生活各环节中,抓住幼儿兴趣和擅长的项目,鼓励幼儿在集体面前发言,并给予其大力的、语言明确的鼓励和肯定,让幼儿知道自己哪些地方做得好,或哪些方法用得好,以此帮助幼儿积累自信。

2. 日常生活中注意与幼儿的情感沟通,引导其正确对待和判断自己的行为。

3. 通过过渡环节的小游戏、区域活动中的互动分享等形式,引发幼儿与同伴互动的兴趣,鼓励幼儿充分表达自己的想法,感受交流、分享的乐趣,增加幼儿与同伴交流、沟通的愿望。

4. 经常与家长沟通幼儿在园表现,适当地给予一些科学的育儿观念。家园配合,共同鼓励幼儿,提升语言表达的勇气和信心。

【家庭建议】

1. 创设良好的家庭氛围,关注幼儿,每天有足够的时间与幼儿进行交谈,有耐心地听取幼儿的想法。

2. 鼓励幼儿多参加集体活动,或常与同伴玩耍、交谈,鼓励幼儿相互间讲述见闻、趣事等。

3. 幼儿与同伴相处遇到矛盾时家长不代替幼儿表达,给予他们独立与主动表达的机会。

4. 经常带幼儿参加一些展示和表演类的活动,创设幼儿表达的机会,鼓励幼儿勇敢表达。

教师:刘　畅(小)

我是大力士

——小班社会交往习惯培养案例

【故事回放】

吃完早饭后,是孩子们的区域活动时间,需要老师把每张吃饭的桌子搬到各个区域中。由于这几天腰不太舒服,在搬桌子的中途我停下来揉了揉腰,打算休息一下再接着搬。这时,漱完口的昊昊正好出来看到我在揉腰。

昊昊:"老师,您的腰不舒服吗?"

老师:"是的,这几天腰不太舒服……"话还没说完,只见昊昊跑到我的身后,举起他的小拳头帮我捶了起来。

老师:"谢谢昊昊,老师的腰好多了,你进区域玩吧。"

昊昊:"老师,我帮您一起搬吧!"

老师:"昊昊真乖,懂得心疼老师,但是桌子太沉了,你还小,等长大了,才能搬得动。"

昊昊:"老师,我是大力士,我经常帮妈妈拎东西。"

老师:"这样吧,你搬一边我搬一边。"看到昊昊坚定的眼神,这一次我没有拒绝他。

昊昊:"我还经常帮助弟弟收拾玩具。"

老师:"你真棒,在家还会帮弟弟。"

我们的聊天吸引了很多小朋友,大家都纷纷说起了自己的事迹。琪琪:"老师,我帮我妈妈端过碗。"

乐乐:"老师,我帮奶奶扫过地。"

默默:"老师,我帮我爸爸擦过车。"

…………

看到孩子们对这个话题如此感兴趣,我便在区域活动后,表扬了昊昊看到老师很辛苦,帮助老师捶背、抬桌子的行为,并鼓励幼儿大胆说一说自己是如何关心、体贴他人的。孩子们有的说:"我看到妈妈很辛苦,我就帮妈妈擦桌子。"有的说:"我看到弟弟哭了,我就拿玩具哄弟弟。"还有的说:"奶奶腰疼,我帮奶奶捶背。"我肯定了幼儿的行为,并进行了表扬。

【现象分析】

1. 昊昊看到老师腰疼能主动帮忙,说明幼儿已经能够注意到身边的人,并有关心、体贴的表现。

2. 昊昊、琪琪、乐乐等幼儿能感受到身边人的需求,在身边人生病、不开心、有需要时表示同情并给予帮助,为帮助他人感到自豪。

【教育策略】

1. 教师通过讲故事、看动画等方式,为幼儿讲述父母抚育孩子成长的经历,让幼儿理解和体会父母的辛苦。同时引导幼儿学习关心、帮助他人的方法。

2. 结合实际情景,提醒幼儿注意他人的情绪,了解他人的需要,给予适当的关心和帮助。

3. 开展"互帮互助小明星"活动,鼓励幼儿在他人需要帮助的时候进行帮助。在幼儿关心帮助他人的时候,教师肯定幼儿的行为并给予表扬。

【家庭建议】

1. 与同伴玩耍时,引导幼儿多为他人着想,用自己的行动和语言去关心、体贴他人。比如"你别伤心了,我陪你玩""弟弟,你累了吗?我帮你拿吧"等。

2. 家长以身作则,利用周末时间带领幼儿去探望长辈、亲友或生病的人。家人之间互相多关心、体谅,让幼儿学习感受家长的做法并进行模仿学习,引导幼儿用自己的方式去关心、体贴他人。例如帮爸爸妈妈拎东西,为奶奶捶背、帮助爷爷扫地等。

教师:王　京

班级里的热心肠

——中班社会交往习惯培养案例

【故事回放】

随着秋冬季节的到来,此时正是天气干燥,温差较大,幼儿容易患病的季节。中二班正在开展健康课,上课过程中,轩轩接连打了几个喷嚏,鼻涕都流到了桌子上。这时,同组的小朋友们开始埋怨了:"轩轩,你怎么老打喷嚏呀?"我暂时停止了讲课,看了下轩轩,他感冒了,鼻炎又开始了。通过我之前和轩轩家长沟通,了解到孩子一直有轻度的鼻炎,我正要走过去帮他擦,没想到大航抢先了一步,他直接从兜里掏出一张纸巾,像个大人似的,开始帮轩轩擦鼻涕,而轩轩没有动,让大航帮他擦着。这时,大航看到我在注视着他,赶快把手缩了回去,有些不好意思了,他说:"浩浩老师,我也会经常流鼻涕,所以妈妈给我兜里放了纸巾,而且我看见只要有小朋友流鼻涕,高老师都是这样帮助小朋友擦鼻涕的,所以我也像高老师一样帮助小朋友擦鼻涕。"我马上说道:"大航,你帮他擦得特别干净,你真是一个爱帮助他人的好孩子。”班上其他小朋友听到后，马上也要行动起来，纷纷对轩轩说：“我来帮你擦鼻涕吧。”大航听到了我的表扬，有些不好意思了。虽然这节健康课被“暂停”了，但是我还是很欣慰，今天不光上了一节健康课，更是一次生动的“乐于助人”的教育活动。

【现象分析】

1. 幼儿的助人为乐行为是极其不稳定的，无论是自觉的，还是不自觉的，都需要得到群体的认可。如何巩固幼儿的助人为乐行为，除了让幼儿在游戏中不断体验、练习外，还需要我们及时地鼓励，以造就良好的氛围，使之成为习惯，逐渐形成自觉稳固的助人为乐行为。

2. 不同性格的儿童，在表达同情和提供帮助的具体做法上会存在较大的个体差异，有的会比较有同情心，有的会比较理性。因此，在出现良好行为萌芽时，要给予肯定和鼓励。

【教育策略】

1. 在日常生活中渗透助人为乐的意识，通过小游戏、情景表演、绘本故事等形式，不断增强幼儿团结友爱、互帮互助的意识和情感。

2. 培养幼儿乐于助人的行为习惯，就是要引导幼儿如何去帮助别人，否则即使有良好的助人为乐动机，也难以收到理想效果，所以教师要有目的、有计划、有组织地开展助人行为的讲解和练习活动，向幼儿传达帮助他人的方式。

3. 开展丰富的班级活动，培养幼儿的亲社会情感和行为。如开展帮助弟弟妹妹脱衣服、系鞋带、搬椅子等活动，在帮助弱小者的体验中激发幼儿发自内心地帮助他人，这是一个适应社会和群体合作的道德基础。

【家庭建议】

1. 成人以身作则，激发幼儿关爱他人之情。家长要发挥榜样作用，孩子是父母的一面镜子，家庭成员之间互相关心，家庭成员对邻里的帮助等，都会直接地影响幼儿。

2. 创造互助机会，家长可以适当示弱。为了培养幼儿的助人品质，需要布置一些任务，让幼儿得到正面的反馈，当然，家长也不能表现得太强势，要适当地示弱。有了这样的经验，之后幼儿才更容易自发去做。比如：父母下班回来，幼儿要主动问好；主动帮妈妈做些力所能及的家务活，倒垃圾，提东西；大人休息时，幼儿动作要轻，不要影响他人的休息。当在家里得到幼儿的帮助时，家长也要给予幼儿积极的反馈，告诉幼儿这样做是对的。在家里习惯了相互帮助，就会推及周围的其他人。

3. 尝试多为别人着想，学会用适宜的语言去表达，比如“你怎么了？”“你需要帮忙吗?”“让我来帮助你!”等。

教师:刘 浩

学会节约

——中班社会交往习惯培养案例

【故事回放】

新学期伊始,小班幼儿在教师的陪伴引导下慢慢地熟悉环境并适应幼儿园生活,渐渐地我发现了他们有这样一个现象。

盥洗室洗手的时候,孩子们特别喜欢把水龙头开到最大,小手还会在流水中来回摆动,即便有教师在身边提醒照顾,孩子们也会不时地堵住开着水的龙头,让水肆无忌惮地喷洒到小朋友的身上和水池周边以及镜子上,没等教师去阻止,就兴奋地和教师说:“老师,你看,喷泉!”

午饭时间,大部分幼儿能很好地吃饭,但还有一部分幼儿会感觉米饭太多了,不喜欢吃蔬菜,不喜欢吃瘦肉,不喜欢吃肥肉,不喜欢吃……

为了杜绝这种浪费更频繁地发生,我决定抓住日常生活的点滴,和小朋友们一起走进节约的世界,了解浪费的严重后果,我带着幼儿先观看了农民伯伯在田里劳作和干旱地区的人民生活的视频图片,了解古诗故事《悯农》,孩子们知道浪费的可怕,知道自己节约一点,累计起来就可以帮助更多的人,自己开始在平常生活中注意避免自己的浪费,也学会了提醒周围的朋友学会节约……让幼儿知道浪费的可怕,珍惜的可贵,节约的美好。

【现象分析】

1. 小班幼儿年龄小,幼儿们都是家长们的宝贝,孩子生活优越,衣食无忧,浪费问题普遍存在。

2. 小班幼儿还没有建立节约意识。对于幼儿来讲,很多事情都是听到看到,甚至没有听到看到没有经历过的事情,没有亲身体验,就没有形成“意识”,没有养成节约的好习惯。

【教育策略】

1. 在幼儿日常生活中,教师创设“环境提示”,制作“节约小提示”,幼儿在洗手的时候,吃饭的时候,看到“提示”能够得到良好暗示,做到不浪费水资源,不剩饭。

2. 在幼儿日常生活中抓住教育契机,围绕勤俭节约开展各类活动,通过区域活动、教育活动中,观看纪录片、讲述绘本故事等宣传教育,让孩子们珍惜现在的美好生活,热爱祖国,利用“世界勤俭日”“世界节约用水日”等契机,开展“我是节约小宝贝”“光盘行动”等活动,增强幼儿的节约意识,培养节约好习惯。

3. 亲身实践体验,体会“得之不易”,学会珍惜,不浪费。例如让幼儿参与力所能及的劳动,体验种植的辛苦,通过种植过程(挖土、浇水、施肥等),知道植物生长的种种不容易,自己劳动的艰辛,才会更加珍惜,不浪费。

4. 榜样鼓励机制,在日常生活中,经常鼓励表扬有节约意识和行为的幼儿,提高幼儿的主动性和积极性,同时设立榜样标兵,激励更多幼儿,撒下勤俭的种子,收获节约的好习惯。

【家庭建议】

1. 父母以身作则,做好表率,在家中节约用水、用电,并随时提醒幼儿做到,为幼儿做好榜样。

2. 可以与老师多做沟通,通过亲身体验等方式,鼓励幼儿在家中参与一些力所能及的劳动,懂得劳动的辛苦,植物生长的不容易,养成节约的好习惯。

教师:张　月

送垃圾宝宝回家

——中班社会交往习惯培养案例

【故事回放】

背景:从 2020 年 5 月 1 日开始,新版《北京市生活垃圾管理条例》正式实施。幼儿园也积极响应,通过开展各种活动,引导幼儿认识到垃圾分类的意义,知道各种生活垃圾属于哪个类别,基本可以做到分类投放,但个别幼儿分类投放的意识还不够深入,垃圾分类的习惯还需进一步强化。

情景一:上午加餐喝牛奶,赫赫小朋友喝完后直接把牛奶盒扔进了其他垃圾桶里。老师把牛奶的吸管拔出,及时提问:“吸管属于什么垃圾?”赫赫答道:“其他垃圾。”老师补充道:“那牛奶盒也属于其他垃圾吗?”赫赫答道:“属于可回收物。”

情景二:午饭过后,小朋友们擦嘴漱口,朵朵小朋友擦完嘴的纸巾随手扔进了绿色的厨余垃圾筒。乐乐小朋友及时提醒:“朵朵你扔错了,用过的纸巾应该扔到其他垃圾桶里。”朵朵连忙道谢,把纸巾放进了其他垃圾桶。老师表扬了乐乐,肯定了朵朵。

情景三:区域活动时,四五个小朋友在玩“送垃圾宝宝回家”的游戏,卡片上的电池图案、照相机图案、药品图案，到底该放在哪个垃圾桶里，他们各抒己见，争执了起来。老师抓住这个教育契机，开展了认识垃圾宝宝的活动，帮助幼儿找到垃圾宝宝的家。随后开展了“送垃圾宝宝回家”的竞赛活动，进一步提高了幼儿对垃圾分类的认识。

【现象分析】

1. 中班的幼儿能够认识垃圾分类的标志，知道垃圾桶的颜色，大部分幼儿可以将生活中常见的垃圾进行分类投放，少数幼儿垃圾分类的意识还比较薄弱，有时分不清该投入哪个垃圾桶。

2. 基于幼儿的年龄特点，通常会把牛奶盒和吸管看作一个整体，直接投入其他垃圾桶，缺少拆开分类投放的意识。有时还不能明确分清具体属于什么垃圾，仍存在争议。

3. 个别幼儿的垃圾分类意识和环保行为有所欠缺，虽然知道属于什么垃圾，却随便扔进任意一个垃圾桶里，垃圾分类的意识和行为习惯有待进一步提高。

【教育策略】

1. 开展有关垃圾分类的教育活动，引导幼儿知道其他垃圾、厨余垃圾、有害垃圾、可回收物的标志以及颜色，明确生活中常见的垃圾宝宝的“家”，帮助垃圾宝宝回家。

2. 利用区域活动或者过渡环节，开展“送垃圾宝宝回家”竞赛活动，看看谁完成得既快速又准确。

3. 在一日三餐两点中，关注幼儿用餐后的垃圾投放，及时做出引导及纠正，逐步养成垃圾分类投放的习惯，树立正确的垃圾分类的行为，培养垃圾分类的意识。

4. 通过各种奖励机制，引导幼儿主动参与垃圾分类，自觉主动地送垃圾宝宝回家。

5. 开展垃圾分类相关活动，普及垃圾分类知识，强化垃圾分类意识，渐渐养成垃圾分类的习惯。

【家庭建议】

1. 身体力行，做好榜样。

家长养成垃圾分类的意识和习惯，准备好“两桶一袋”，和幼儿一起把家里的两个垃圾桶贴上“其他垃圾”“厨余垃圾”的标志，准备一个袋子贴上“可回收物”的标志，专门用来盛放可回收物，引导幼儿按照标志进行垃圾分类投放。

2. 小小垃圾分类宣传员。

家长和幼儿一起，争做垃圾分类宣传员，向小区居民宣传、讲解垃圾分类的好处，如何做好垃圾分类，分享自己参与垃圾分类的心得体会。

3. 小小垃圾分类指导员。

家长和幼儿一起参与“桶前值守”，指导小区居民进行垃圾分类。为已经分类存放的居民指出该扔进哪个垃圾桶；为没有分类的居民提供实用的分类方法；帮助行动不便的居民扔垃圾；帮助垃圾分拣员分拣垃圾。

教师：王美英

保护动植物的那件“小事”

——中班社会交往习惯培养案例

【故事回放】

户外活动时，我带着孩子们来到了小花园，孩子们一边欣赏，我一边给孩子们介绍。这时，闹闹跨入了花园，摘了一朵花。我看见后，立马叫闹闹，示意闹闹赶快走出花园。闹闹听到了我的呼唤后，手里拿着花，慢悠悠地走出了花园。我来到了闹闹的面前，对闹闹说：“闹闹你看，花园里的小草和刚长出的小花被你踩弯了腰，小花还漂亮吗？你把花摘下来，其他小朋友也看不到了。”听了我的话后，闹闹低下了头。我将花园中的标语念给闹闹听了听，想给闹闹更深刻的记忆。其他的小朋友也在对闹闹说随意踩踏草坪和摘花是不对的，需要爱护植物。闹闹认识到了自己的错误，显得很不好意思。户外活动后，刚刚进入教室，果果就注意到了自然角的小动物们，她看见了鱼缸里的小金鱼没有了食物，急忙跑过来告诉我，我就带着果果来到自然角给小金鱼喂了食物。完成了之后，我在全班表扬了果果，也借果果的行为引导孩子们讨论什么样的行为是保护花草树木和小动物的好做法。孩子们你一言我一语地说：“我们可以给校园里的花草树木浇水。”“我们可以给教室里自然角的小动物喂食。”“我们只站在草坪外欣赏花草。”通过这次活动孩子们进一步知道了爱惜动植物的方法。

【现象分析】

1. 因幼儿年龄特点所致，没有形成良好的是非观，需要教师的正确引导，在教师的引导下，幼儿在学习和生活中逐渐形成正确的是非观，提高认知水平和判断能力，做出正确的行为。

2. 之前的活动中有开展过“爱护动物”主题的活动，幼儿已经有了爱护动物的意识，随着年龄的增长，也有了自己的想法，对小动物存有怜悯之心，喜欢照顾动植物。

【教育策略】

1. 在课堂活动中多渗透爱护动植物的理念，通过绘本故事、讨论交流、游戏互动等形式，使幼儿在活动中形成爱护动植物的意识。

2. 培养幼儿爱护动植物的行为，正确欣赏花草树木、为花草树木浇水、喂养小动物等；要让幼儿明白爱护动植物的意义，植物可以美化生活，净化空气，动物是我们的好朋友，与我们同住一个世界，让我们的世界更加丰富多彩。

【家庭建议】

1. 家长要以身作则，为孩子树立榜样。家长在生活中救助动物、爱护花草等行为都能够对幼儿产生积极的影响。

2. 观察幼儿生活中的行为，对于幼儿做得好的方面，要及时地表扬，激励孩子；如果生活中有不文明对待动植物的行为，要及时地制止和引导。

3. 支持幼儿种植植物、养殖小动物的行为，经常带幼儿到大自然中，为幼儿提供接触、了解动植物的机会。

教师：刘　浩

秋千上的约定

——中班社会交往习惯培养案例

【故事回放】

今天孩子们又选择了钟爱的秋千，开始了游戏。

辰辰："你玩完让我玩好吗？"

朋朋："好呀，那你在我后面排队吧。"

等了一会儿后，辰辰："你什么时候让我玩啊？我都推累了！"

朋朋："再等一会儿，我还没玩够呢。"

辰辰："可是我也想玩啊，我都等半天了！"

朋朋："那好吧，你玩会儿。"排在辰辰后面的诺诺说他也想玩，就这样大家又因为没有玩上秋千产生了矛盾。

看到他们一筹莫展，我便提醒道："你们想一想，怎样分配玩的时间大家会都认同呢？"

诺诺："每个人玩的时间一样就好啦！咱们活动区的音乐《蓝精灵》结束不就代表要整理完玩具吗？要不这会儿咱们也听那个音乐吧！"

朋朋："可是我现在到哪儿给你找音乐去？"

辰辰:“老师有手机,请老师帮忙放。”

就这样我帮他们播放音乐,开始第一次尝试。过了一会儿他们发现这首歌时间太长了,后边排队的小朋友要等更久的时间。

朋朋:“要不咱们倒数吧,从 10 开始!”大家认可后他们开始第二次尝试。玩了一会儿又发现小朋友数数有的快有的慢,这样也不好。

诺诺:“那咱们数每个人推秋千的次数吧!”大家表示这个方法好,于是他们开始第三次尝试,就这样这个方法得到了小朋友的一致认可。于是孩子们开始以这种推秋千计数加轮流的方法玩秋千,实现了他们共同的约定。

【现象分析】

1. 在面对喜爱的秋千时,孩子们在努力做到轮流与等待,可在过程中发现同样解决不了问题,于是幼儿之间产生了小纠纷。这在我们的生活中非常常见,按照规则进行游戏却还是会发生矛盾,所以要引导幼儿尝试在活动中灵活运用规则。

2. 通过引导孩子们从开始的无效等待,到后面学习商讨制定规则,如听同一首音乐计时、倒数 10 个数、推相同的秋千次数等,在今天的活动中孩子们能够立刻根据自己的生活经验与同伴交流、探讨,从而解决游戏中轮流、等待的问题,效果甚好。

3. 在我们的生活中很多场景都需要等待,它可以给我们带来规则意识和秩序感。在生活中用游戏的方式模拟有关规则的情景,如早上来园晨检秩序、选区秩序、值日生安排等,从而提高幼儿解决问题以及激发幼儿关注它给我们的生活带来的便捷。

【教育策略】

1. 在此过程中我作为旁观者在观察他们的游戏方式,当发现幼儿有需要时,我引导他们发现症结所在,从分配时间入手,最终解决问题。

2. 活动中我支持、肯定幼儿的做法,鼓励幼儿在实施中自己发现问题,这期间孩子们也没有一次就解决了难题,而是通过不断尝试从中寻找失败与经验,从而学会与同伴商讨制定更加适宜的游戏规则。

3. 在园的生活中我们要善于抓住随机教育,让幼儿在游戏、生活中了解轮流、等待的秩序,以及这样做的好处,从而学习遵守社会行为规则,将好的行为习惯传递给同伴。

【家庭建议】

1. 鼓励幼儿在家或与亲戚朋友家的小伙伴在游戏中,可以将大家共同喜欢的玩具进行分享、轮流,如角色扮演中的小道具、女孩喜欢的洋娃娃、男孩喜欢的奥特曼等,并且愿意与同伴进行交谈。

2. 引导幼儿和家人或来访的小伙伴一起商讨制定游戏规则，而不是以自身作为游戏的中心，并且可以在发生冲突时，尝试用协商、交换等方式解决游戏中的冲突。

3. 可以结合游戏情境，一起说一说游戏中什么样的行为才会受到大家的喜爱和欢迎，从而进一步了解如何在集体游戏中正确与同伴交往。

教师：刘 畅（大）

魔法T恤

——大班社会交往习惯培养案例

【故事回放】

过渡环节，孩子们都在听晨晨给大家讲故事，岩岩突然唱起歌来。我问："岩岩，你怎么唱起歌来了？"岩岩说："老师，因为我需要播放歌曲啦！"

教育活动时，大家正在听绘本故事，岩岩突然又唱起歌来。我问："岩岩，是故事让你觉得愉快，所以唱歌吗？"岩岩说："不是，我就是需要唱歌了。"

区域活动时，岩岩旁边的淇淇用手点岩岩的T恤，岩岩便开始唱起歌来。又点了一下，岩岩就停止了唱歌。看到这一幕，我走过去问岩岩："岩岩，我可以点歌吗？"他说："没问题，点击右边的按钮。"我点击后，他开始唱《春姑娘》。"那怎么关闭呢？"我又问。"点击左边的按钮。"他答道。我点击了左边的按钮，岩岩停了下来。"真是一件有魔法的T恤。"我说。"当然喽！"岩岩回答。"这就是刚才听故事和读绘本的时候，你突然唱歌的原因吧？"我问。岩岩说："嗯，但是这是魔法T恤，别人一点我就要唱歌，我也没办法。"

了解到这个情况，我对大家说："小朋友们，岩岩的这件魔法T恤特别棒，能够通过点击开启和关闭音乐。但是现在遇到了一个小问题，如果它被小朋友们点击岩岩就要唱歌，那么遇到该进行集体活动或者其他小朋友讲话需要安静倾听的时候该怎么办呢？"

涵涵说："给他设定个静音模式吧？"

晨晨说："可以调节音量，需要安静的时候要不出声音地唱歌。"

圣晰说："可以在不能点歌的时候设置关机模式。"

建豪说："要不制定魔法时间，不让魔法T恤出声音的时候就收回魔法，可以唱的时候再把魔法还回去。"

我请岩岩跟小朋友们一起协商制定关于魔法T恤的规则。教育活动前,天天按了岩岩的魔法 T 恤,岩岩对天天说:“我的魔法被收回了,暂时不能唱歌了,咱们活动结束后,魔法就会回来啦!”

【现象分析】

1. 幼儿能根据自己身上穿的 T 恤的图案自发地创设一个放音乐的游戏活动,制定了开关按钮并根据点击情况唱歌,是有一定制定规则的能力和遵守规则的意识的。

2. 幼儿突发性唱歌的情况是自己制定的游戏规则和班级活动的规则出现了冲突,幼儿遵守自己创设的游戏规则的意识较强,忽略了对班级规则的遵守。

3. 教师提出魔法 T 恤游戏对其他活动引发的影响,引导其他幼儿一起协商制定出解决的办法,促进其他幼儿了解魔法 T 恤游戏规则、幼儿与同伴之间协商解决问题和合作制定规则的能力。幼儿对于自主制定的规则,自觉遵守的意识比被动接受的规则要更高。

【教育策略】

1. 面对幼儿自主创设的游戏出现问题时,教师首先要尊重幼儿的游戏方式,同样以游戏的方式,请幼儿想出解决游戏问题的办法,对幼儿创设的游戏给予肯定和鼓励。

2. 教师通过游戏情境的方式提出问题,鼓励幼儿大胆表达自己的观点,引导幼儿学会以讨论的方式与同伴协商解决问题。

3. 教师要善于发现,多关注幼儿在生活、游戏中的表现,及时发现活动中出现的问题,鼓励幼儿根据具体情况通过与同伴协商制定规则的方法来解决遇到的问题。

4. 教师在一日生活的各环节中,多创设一些让幼儿能感受规则的机会,引导幼儿体验规则与生活、游戏的关系。

【家庭建议】

1. 通过谈话,示范等方式引导幼儿了解对日常生活中规则内容和遵守规则的重要性。

2. 可以通过家务劳动、亲子游戏等多种途径,与幼儿一起协商制定规则,并引导幼儿自觉遵守。

3. 可以与老师多做沟通,及时了解幼儿在园的情况,针对幼儿出现的情况及时进行相应的沟通与指导。

4. 家长与幼儿共同制定家庭公约(生活习惯、家务劳动等),并相互监督遵守规则;引导幼儿提高与他人协商制定规则的能力,体会规则在生活中的作用。

教师:梁文硕

学习小蚂蚁

——中班社会交往习惯培养案例

【故事回放】

升入中班后,我们的班级从一层搬到了二层,小朋友们开始接触排队上下楼梯。在一次户外排队下楼的时候,阳阳好几次超过前面的小朋友下楼,小朋友们纷纷说道:"老师,阳阳插队!""老师,阳阳推我了……"在我关注到他们的时候,被插队的小实追着阳阳离开了原来的位置,阳阳一着急推倒了小实,小实坐在台阶上大哭,下楼的队列乱了。我安抚小实的同时检查他是否受伤,并重新组织幼儿按顺序上下楼,再次提醒阳阳以及其他小朋友都要排队守秩序。户外回到班级后,我们在餐前谈话活动时听了故事《懂秩序的小蚂蚁》,并结合之前下楼时发生的事情,一起讨论了排队安全上下楼梯的问题。放学后,我约谈了阳阳的妈妈。第二天下楼前我们会提示幼儿"小蚂蚁们下楼啦",小朋友大部分都会整齐地排队下楼,包括阳阳。

【现象分析】

1. 中班的幼儿正处于对一切充满好奇心与探索欲的时期,他们缺乏基本的防范意识,自我保护意识弱,缺乏自我保护的能力。

2. 幼儿属于直观形象思维,说教的方式只会给幼儿形成机械记忆。

3. 幼儿在家时较少接触楼梯,家长对于上下楼的安全教育存在滞后性,幼儿在排队上下楼的时候不懂得保护自己和他人。

【教育策略】

1. 尊重幼儿年龄特点和心理发展轨迹,在宽松、愉快的氛围中利用故事、儿歌、安全主题墙饰等方法开展集体活动,培养幼儿的安全行为意识。

2. 给幼儿创设情景,吸引幼儿的注意力,养成良好的安全行为习惯并及时给予有效的指导,注重言传身教。

3. 通过家园共育,引导家长参与"生活中的楼梯"调查表、设计安全上下楼标识等活动对幼儿进行家庭安全教育,改变家长观念,形成强大的合力。

【家庭建议】

1. 利用外出时间耐心陪伴幼儿,和幼儿观察他人上下楼的状态,言传身教帮助幼儿学习安全上下楼的方法。

2. 能陪幼儿阅读安全上下楼相关图书,网络平台视频等形式引导幼儿学习安全上下楼的方法,共同对幼儿进行安全教育。

3. 家园同步，积极观看安全教育平台，参与幼儿园安全教育活动。

教师：朱小雪

爸爸引发的火灾

——中班社会交往习惯培养案例

【故事回放】

早上来园后孩子们正在擦拭着自己的小椅子。

宁宁："瑄瑄你的衣服上怎么有一个洞洞啊？"

晗晗："我猜是他爸爸抽烟的时候把他衣服给烫了！我哥哥有件衣服就是这么被我爸爸弄的。"

瑄瑄："才不是呢，是我爸爸把电动车的电池拿家里充电，完了夜里着火了，这个是火星子给点的！"

听到这儿，小朋友们都瞪大了眼睛看着瑄瑄。

乐乐："啊，老师不是说了电动车不让在家充电啊，你们家着火了啊！"

诺诺："那消防员叔叔来没来啊？"

宁宁："你有没有受伤啊？火灭了没有呀？"

孩子们的询问和关心越来越多，瑄瑄突然有些不知所措了。

见此情况我引导小朋友马上就要吃早餐了，等餐后再一起讨论这个话题。

餐后的过渡时间，孩子们对瑄瑄家的火灾情况还有着许许多多的疑问，大家七嘴八舌地讨论着。

诺诺："为什么要把电池拿到楼上充电呢？"

小水："你们是怎么逃出去的？有没有用云梯？"

佐佐："火大不大啊？是不是浓浓的黑烟？"

宁宁："你们家是不是所有东西都被烧黑了，像老师之前给我们看的火灾后的图片那样？"

担心瑄瑄害怕，我让她坐在我的腿上："我告诉爸爸了老师说不让在家充电，可是他偏不听，当时我和姐姐还在睡觉，爸爸抱着我往外跑，后来消防员叔叔来了把火灭了，屋子里面都是水，家里的电视机都烧坏了……"听到这儿，孩子们都替瑄瑄捏了把汗。

借此我跟孩子们讨论了家中存在哪些安全隐患，并在当天回家后，和爸爸妈妈一起寻找，并用照片、绘画、视频等方式进行记录，第二天和同伴一起分享。

【现象分析】

1. 孩子们通过真实发生在身边的事,知道了要严格遵守安全规则,否则就会出现安全隐患。这场火灾给小朋友们带来了很大的震慑力,更加知道日常中不应该把电动自行车及电池带回家充电。

2. 通过孩子们之间的对话,大家对瑄瑄很是关心,当她出现一些难过的微表情时,同伴能注意到她的情绪,有的小朋友会抱抱她,这体现了中班幼儿有关心、体贴同伴的表现。

3. 通过安全教育活动,幼儿已经建立了一定的安全意识,并能够在生活中遵守。但有些事情是孩子们无法做决定的,所以我们可以通过日常的活动告知幼儿一些火灾中自救的方式,从而保护自己尽量不受到危险和伤害。

【教育策略】

1. 同伴对于发生在身边的火灾有很多的提问,可面对同伴的热情瑄瑄有些不知所措,为了避免她有创伤后的应激障碍,我先暂缓了谈话活动,后续的解答环节我也是抱着她,安抚她的情绪。

2. 针对幼儿的问题,我引导他们换位思考,想一想"如果你是瑄瑄,爸爸要把电池拿回家充电你会怎么做?"从而学习理解瑄瑄当时的想法和感受,同时还可以想出更好的应对方法,做到举一反三。

3. 日常开展的活动中,我们要结合生活实际对幼儿进行安全教育,帮助他们认识生活环境中不安全的事物,不做危险的事。如不动热水壶,不玩打火机,不摸电源插座等。并且用他们喜欢的方式制作相关标志,粘贴在班中他们认为需要警示的地方,起到提醒作用。

【家庭建议】

1. 生活中如果孩子提醒自己有某个地方做得不对,一定要耐心听他们讲述完,如果正确就要选择听从孩子的建议,同时肯定他们的做法。

2. 爸爸妈妈也要在生活中为孩子树立良好的榜样,如不在床上抽烟,手机充电后要拔掉电源等。

3. 帮助幼儿了解生活中基本的安全规则,或结合生活实际、情景游戏等,向幼儿介绍一些必要的社会行为规则,以及遵守这些规则的原因。

教师:刘　畅(大)

在游戏中学习成长

——中班社会交往习惯培养案例

【故事回放】

今天的户外游戏是“夹球”比赛,活动开始前我向小朋友介绍游戏规则:两人一组,背对背夹气球,绕开障碍物,最先到达的一组获胜,如果途中气球掉落需要回到起点重新开始,重点提示:在竞赛过程中不能用手触碰气球。因为要进行比赛,孩子们摩拳擦掌跃跃欲试,有的小朋友着急找自己的同伴没有听清规则。

游戏开始了,随着一声哨响,小朋友们迅速进入状态,安安和小浩反应最快,另外两组参与游戏的小朋友们也快速移动,其他小朋友加油呐喊助威。游戏途中安安用手碰到了气球,亭亭指着安安说:“安安犯规了! 她用手摸气球了!”安安快速地把手挪开,然后与小浩快速通过障碍,最后以第一的名次完成比赛。比赛结束后,亭亭举着手说:“老师,安安犯规了,她用手摸球了! 他们不能得第一!”安安着急地说:“我就轻轻地碰了一下,又没有抱球!”“碰一下也是犯规,老师说了手是不能碰球的!”亭亭立刻回复道。“手能不能碰球呢?”听他们讨论得很激烈,我提出问题。

“不能碰球,老师开始就说过了!”

“手不能碰球,如果碰球那球就掉不下去了!”

“手碰球了就是犯规了! 成绩不能算数!”

“那安安和小浩是第一个到达终点的。”我看看安安和小浩跟孩子们说道。

安安看看我然后看看小朋友们低声说:“那我们不当第一了。”说着眼圈红红的。亭亭看看安安又看看我说:“老师,让他们组再比一次吧,我觉得安安不是故意犯规的。”我又看了看其他小朋友,他们都点点头说:“再比一次吧,这样大家都要公平竞争!”安安抬起头说:“这次我们肯定不犯规啦!”

【现象分析】

1. 中班幼儿能够感受规则的意义,并能基本遵守规则,在游戏中部分幼儿能够关注规则,所以当出现违反规则的现象出现时引发了激烈的讨论。教师发现了冲突但运用参与讨论的方式引导幼儿发现问题,并寻找解决问题的方法。

2. 安安小朋友的好胜心强,前期没有认真听清游戏规则,所以在游戏中出现了用手碰球的现象,当小朋友提出这个问题时,她没有反驳,也意识到自己的行为是不适宜的，虽然她不愿意放弃自己的第一名，但是她还是接受小朋友们提出的要求，赞同小朋友提出的方法。

3. 亭亭在班中是一名活泼好动的小女孩，她能够关注规则的内容同时也注意观察小朋友的情绪，所以当安安出现情绪低落时，她能够及时给出解决问题的方法，安抚安安的情绪。

【教育策略】

1. 在活动前提出相应的规则，并提示幼儿认真倾听，中班下学期可以尝试要求幼儿创设游戏规则，感受规则在生活中的作用。

2. 鼓励幼儿在活动前重复规则内容，锻炼幼儿倾听、表达的能力，同时也提示幼儿遵守规则。

3. 创设规则环境，通过环境的提示和教育作用，帮助幼儿树立规则意识。

【家庭建议】

1. 更新家长的教育观念，鼓励家长在家与幼儿一起商讨各项活动的规则，并要求幼儿按照规则进行活动。

2. 鼓励家长与幼儿进行丰富的亲子活动，在快乐的游戏中体会规则的重要性。

3. 鼓励幼儿在园分享家中的游戏或规则，感受规则的作用。

教师：彭丽娜

无效的红绿灯

——小班社会交往习惯培养案例

【故事回放】

户外活动自主区域游戏时间，几名小朋友选择了车区。可嘉看了看只剩下一辆的小车，又看了看玩具柜上的红绿灯标志，于是到玩具柜上拿了红绿灯的标志放在了车区的路上，有骑车的小朋友过来了，她便伸出胳膊说："红灯。"小朋友们并没有理会她，而是直接骑了过去。可嘉再一次伸出胳膊说："红灯亮了。"伊伊停了下来，后面的小朋友也跟着停了下来，有几个小朋友一直在按喇叭说："走啊，快走。"伊伊说："现在是红灯，怎么走啊。"

浩浩说："没事儿，又没人，骑吧。"

伊伊说："绿灯才可以骑呢。"

笑笑说："对，看到红灯要停一停，看到绿灯向前行！"

小朋友们你一言我一语，此时车道变得拥堵了起来。可嘉看到车越来越多,赶快举起绿灯牌:“现在是绿灯,请通行!”看着一辆辆车从眼前过去,可嘉还不时地用手进行指挥。

【现象分析】

1. 小班幼儿缺乏社会经验,知道红绿灯的作用,但规则意识弱,不能很好地遵守交通游戏的规则。

2. 幼儿在日常生活中看到或者身边的人不遵守交通规则,对此产生了不良的影响。

【教育策略】

1. 利用集体教学、故事、儿歌等活动渗透相关知识“遵守交通规则”“交通规则的重要性”等活动,使幼儿知道信号灯、斑马线的作用。

2. 大带小共游戏。邀请中大班的哥哥姐姐一起参与到游戏中,将自己的经验与弟弟妹妹进行分享,成为遵守交通规则的游戏者。

3. 利用过渡时间或者游戏开始前与幼儿讨论车区游戏规则,养成遵守规则的好习惯。

4. 在班级中创设“交通安全我知道”的环境,使幼儿知道遵守交通安全的重要性。

【家庭建议】

1. 多带幼儿认识一些常见的交通标志,比如:出去散步或游玩的时候,无论何时碰到了交通的标志,都可以向他们解释这些标志的含义。这样不光有利于幼儿能够轻松地记住,并且可以让他们深刻地理解其中的含义。

2. 家长当好幼儿的榜样,遵守交通规则,从而潜移默化地影响幼儿。

3. 充分利用家长资源,邀请有相关工作的家长来助教,给小朋友讲述遵守交通规则的重要性。

教师:丛 嵘

悄悄地告诉你

——小班社会交往习惯培养案例

【故事回放】

六一儿童节这天,幼儿园组织孩子们去剧院里面表演,孩子们都很兴奋。

琪琪:“我以前还从来没有来过剧院呢。”

苏苏:“很激动是不是?”

“演出开始了,请小朋友们安静观看,下一个出场的班级是中三班。”

这时听到琪琪大声地说:“看,这些姐姐的衣服真好看,我也想穿。”小朋友们也跟着议论起来,她说话的声音引来了大家的目光。琪琪妈妈比了一个安静的动作。我悄悄地走到琪琪的身旁蹲下身,趴在她的耳边说:“悄悄地告诉你,老师也很喜欢姐姐们的衣服,但你看大家都在安静地看表演,假如大家都在大声说话,舞台上姐姐们的心情会怎样呢?”琪琪回答说:“会伤心吧,那我也要安静地看节目。”我赞同地点点头,同时为她的回答竖起了大拇指。

【现象分析】

1. 由于年龄特点,小班幼儿情绪性强,行为常常受情绪支配,主要表现为:看到自己感兴趣的东西,就会兴奋,情绪不稳定,很容易受到外界的影响。在观看表演中,琪琪的情绪常常处于激动状态,不能自己控制好。

2. 在幼儿遵守悄悄说话的规则时,老师给予幼儿鼓励和赞同,增加幼儿在公共场合的规则意识。

【教育策略】

1. 小班的年龄特点就是爱模仿,老师抓住这样的一个特点,通过自己的行为表现感染幼儿,教师常常是幼儿模仿的对象,因此,教师应该时刻注意自己的言行举止,为幼儿树立好榜样。

2. 开展一次班级亲子活动,与家长一同安排快乐的周末,让孩子在一天生活中体验做公共场合的文明小宝宝。

3. 引导幼儿在生活中体验规则的意义,提倡幼儿参与一些规则的制定。用游戏、儿歌等形式帮助幼儿理解,设置一些必要的标志或墙饰,支持幼儿理解规则。

4. 引导幼儿在生活中初步判断行为的对与错,从而培养幼儿在公共场所同样遵守规则。

【家庭建议】

1. 家长带孩子可适当进入自己交往的社交圈。如外出做客时让孩子观察成人的交往,去电影院里看电影时悄悄地说话,潜移默化地引导幼儿遵守公共场所的规则。

2. 当幼儿在公共场所大声说话或喊叫时,引导幼儿观察周围人的行为,帮助幼儿了解在公共场所要保持安静。

3. 对幼儿遵守规则的行为及时给予肯定或鼓励。

教师:张惠茜

第三节 学习探究习惯培养教育故事

害羞的向日葵也会长大

——中班学习探究习惯培养案例

【故事回放】

户外活动的时候,小朋友们都开心地聚在一起玩耍。在玩滚轮胎的游戏的时候,小朋友们都按照老师的指令积极地参与游戏。看着孩子们开心的笑容,我也感到非常欣慰。小操场上,孩子们聚在一起玩耍。特别是在玩滚轮胎的游戏的时候,都玩得很开心。在集体游戏结束后,小朋友们开始了自由玩耍。这时候,我看到伊伊一个人在一边摆弄着轮胎。原来,在参加完老师组织的游戏之后,伊伊发现了轮胎更好玩的办法——她把轮胎滚到一起,然后再费力地把轮胎叠到了一起。大概叠了四个轮胎之后,里面的空间已经可以让小朋友随意地躲进去了。

伊伊发现了这样的玩法之后非常开心,看得出来她很想和身边的小朋友分享,还想要邀请身边的小伙伴来一起玩耍。但是由于胆子比较小,个性比较害羞,伊伊不好意思主动邀请小朋友们来玩耍。看着伊伊害羞的样子,我来到她的身边,牵起她的手,说道:“是不是想和小伙伴一起玩耍呀?”伊伊害羞地点点头,脸庞已经有一点红了。于是,我鼓励道:“那老师带你,一起去邀请小伙伴过来玩,好不好呀?”伊伊听了,轻轻地点了点头,拉着我的手来到了小伙伴的身边,小声地说道:“我在那边搭了一个大轮胎,你想和我一起去看看吗?”身边的小朋友们听了,开心地说道:“好呀好呀!”

【现象分析】

1. 中班幼儿缺乏社会阅历和经验,容易产生害羞的情绪,特别是性格相对内向的孩子,在面对集体活动的时候会显得胆小和羞涩。

2. 幼儿语言表达能力还处在提升的阶段,和同伴交流不流畅,这也是伊伊不爱主动和小伙伴交流的原因。

3. 伊伊天生个性就比较害羞含蓄,加之平时缺乏和同伴或者老师、家长的沟通,不擅长主动和身边的人进行交流。

4. 中班的孩子对自己的评价往往依赖成人的评价,可能她对自己想出的玩法还不够自信。

【教育策略】

1. 在日常的活动中多观察幼儿胆怯、不爱说话的原因,有针对性地开展各种活动,帮助幼儿形成开朗、大方的个性。

2. 锻炼幼儿的口部肌肉,从而达到吐字清晰的效果。

3. 在一日生活的不同环节中,可以以小组或集体的方式,为她提供表达的机会,慢慢过渡到独立表达。

4. 为幼儿提供面对其他小朋友大胆发言的机会,培养幼儿在公共场所发言的勇气。

【家庭建议】

1. 基于中班幼儿的年龄特征和个性,在成人的有意指导下幼儿的行为会受到很大的影响。因此,家长平时有意地鼓励幼儿和身边的小朋友沟通,鼓励幼儿主动和同龄的伙伴交流,有助于提高幼儿的人际交往能力。

2. 平时在家长的陪同下,可以鼓励幼儿主动和小区的叔叔阿姨打招呼等,表达自己的需求,让幼儿的胆量变得更大。多带领幼儿到儿童乐园等同龄人多的场所玩耍,增加幼儿和同龄人相处的经验,这样可以让小朋友发自内心地喜欢上和同龄人玩耍。

3. 和父母沟通,注意捕捉幼儿与人交往中的亮点时刻(主动表达、声音洪亮、用词准确等),及时给予明确的鼓励。

教师:巴美霁

倾听花开的声音

——小班学习探究习惯培养案例

【故事回放】

教育活动时,我正在讲述绘本故事《汤姆上幼儿园》,孩子们坐在小椅子上认真地听着,过了两三分钟后,有五名小朋友开始注意力逐渐不集中起来,低头玩自己的手指或转头望向旁边,有的开始和旁边的小朋友聊天。于是我开始边讲述边来回走动,用这种方式吸引幼儿的注意力。又过了几分钟,只剩下几名幼儿在认真倾听,大部分幼儿开始出现东张西望坐不住的情形。我停下来说道:“小手小手拍拍,谁的小耳朵最认真?”孩子们听到后一起跟着拍手:“我的小耳朵最认真。”现在老师要提问了,谁的小耳朵听得认真,就会知道答案哦!“刚才故事里汤姆去幼儿园的时候见到了谁?”还没等我说完,孩子们便开始说道:“老师,我知道。”“老师,是小熊。”顿时乱成一团，孩子们你一言我一语，不等同伴讲完就开始抢着回答。

【现象分析】

1. 小班幼儿的年龄特点通常以自我为中心，做事缺乏耐心，不能主动关注别人的说话内容。小班幼儿注意力集中时间较短，好奇心较强，自控能力较弱，很容易在日常活动中出现走神儿、东张西望、抢话、自顾自玩等行为。

2. 小班幼儿的思维辨识能力、信息整合能力较弱，老师说话时语速过快或脱离他们生活真实情景或语句语境复杂等，都会影响幼儿倾听的效果。

【教育策略】

1. 首先在教学上，老师的语言要简单明了而且充满乐趣。抓住情景式的语气就可以用疑问来诱发孩子的兴趣，比如"这是哪个小朋友的苹果?"其次，老师的教学形式也是十分关键的，要有激情，不要单纯地运用语言，还要适当增加自己的身体动作和脸部表情，使教学的内容要更加具有趣味性。

2. 老师可以在教学上有意识地组织一些游戏来提高孩子的倾听习惯，比如"传话"游戏，通过这种游戏，不但能够给幼儿们增添兴趣，也培养了幼儿的思维反应能力，同时促进了孩子们形成良好的倾听习惯。

3. 老师在讲解故事的时候，要注意到每一个孩子聆听童话故事的状况。如果看到有的孩子无法专心聆听童话的时候，就应该想到方法把他们再次引入故事情节之中。老师在讲故事的时候可以提出相应的问题，比如"如果是你，你会怎样做?""谁做得对？为什么?"等。

4. 营造轻松的倾听氛围，根据幼儿感兴趣的话题开展自由式谈话，并提醒幼儿认真听完别的小朋友讲完再举手发言的规则。如小朋友听得认真，老师可以进行物质奖励或精神奖励，以此激励还没有进入倾听状态的幼儿。

【家庭建议】

1. 制订家庭阅读计划，定期购买书籍，家长每天给幼儿讲一些小故事或者让幼儿说一说自己在幼儿园中的表现，家长在孩子讲的过程中要认真倾听，并能够给予及时的回应。

2. 利用故事盒子等多媒体，养成与幼儿定期听广播或故事的习惯，锻炼幼儿的倾听能力。

3. 在家中利用日常活动，例如做家务、取东西等，让幼儿学会听指令做事情。

4. 家长以身作则树立榜样作用，成人耐心倾听幼儿讲话，不随意打断。多提供倾听和交谈的机会，当幼儿表现出良好的倾听行为时及时给予肯定和表扬，逐渐帮助幼儿养成良好的倾听习惯。

附:传话游戏

“传话游戏”游戏规则:多人为一组,第一个小朋友选择要传达的句子,传给下一个小朋友,逐个传话,到最后一个小朋友大声说出他听到的句子。

“看谁模仿得像”游戏规则:这个游戏主要训练孩子对声音模式的注意。要求孩子要闭上眼睛或背对大人,大人做拍手、击鼓、敲击的动作,并向孩子提问:”你听到了几下声音?能不能把刚才听到的声音拍下来?”

大人逐渐用不同节奏、不同音量等形式拍奏,要求孩子模仿刚才的声音。如“重—轻—重—轻—重—轻—轻”的音量模仿、“慢—渐快—很快—渐慢—慢”的节奏模仿、用筷子有节奏地敲碗和桌子“碗—桌—碗—桌—碗—碗—桌”。

教师:王榅荣

爱动的依一

——大班学习探究习惯培养案例

【故事回放】

教育活动时间,小朋友们围坐半圆准备开始活动。刚开始没多久,只见依一眼睛望着窗外,嘴里轻声念叨着。紧接着依一转过身,用手摸旁边座位小朋友的辫子,点点正在专注听老师讲述,发现有人摸自己的头发,甩了下头赶忙躲开,并将椅子向旁边挪了挪。依一见状伸手想要把点点的椅子拉回原来的位置。再次被打扰的点点终于忍不住大声说道:“老师,依一总是弄我头发。”见此情形我说道:“依一,不要随便动其他小朋友的头发,快看看故事里面有哪些有意思的事情,一会和大家分享。”在提醒下依一坐正身子开始看大屏幕,过了不到两分钟,依一又开始小声念叨,身体向前倾来回晃动,两条椅子后腿腾空,我看向依一用眼神提示她认真听,就在这时依一挥动的胳膊不小心打到坐在旁边的小龙,小龙捂着头着急地说:“老师,依一突然打我的头。”于是我将依一的座位进行了调整,放在离我较近的位置继续进行教育活动,可是仍然不见效,依一一直左顾右盼,注意力不能集中。

【现象分析】

1. 家庭倾听和关注的能力不足,经过与家长沟通了解到,依一家里有两个孩子,父母工作很忙便经常将依一交给爷爷奶奶照顾,平时把更多精力聚焦在弟弟身上,忽略了与依一的沟通和对她的关爱,导致幼儿在老人的“散养”式教育下行为比较自由,规则意识和专注倾听等良好的习惯没有养成。

2. 依一在家庭中缺乏父母的关爱与陪伴，内心渴望得到别人更多的关注与肯定，所以会做出一些与常规不相符的行为，引起同伴和老师的关注。

3. 幼儿由于日常由老人看护，教育观念和引导方式不够科学，更多的是只要不哭不闹就好，根据幼儿喜好去选择活动，看电视、玩游戏过多。当个体沉溺于某些狭窄的事情或意识范围时，注意范围会随之相应缩小，继而引起对其他事物的注意力下降。幼儿在观看电子产品时更多的是被动学习，到了幼儿园转换为主动意识的专注倾听时，就会显得非常吃力。

【教育策略】

1. 在日常活动中多关注依一，利用早晚离园和过渡环节，多与幼儿交谈，建立亲密的师生关系。为幼儿提供与同伴交往的机会，满足幼儿获得在集体中的认同感和关注需求。

2. 在日常活动中可以组织幼儿进行规则类游戏。让依一积极地参与进来，当该幼儿遵守游戏规则时，教师及时给予表扬，肯定其正确行为，使幼儿获得成就感。同时，教师在一日生活各环节及体育游戏中渗透各项规则，逐渐强化依一的规则意识。

3. 给予幼儿肯定和鼓励。在班中多给予依一关注，优先请她当小值日生或者体育委员，体验受到全体幼儿关注的感受。鼓励她多关注需要帮助的同伴，逐渐把以自我为中心，转为关注他人、关注集体。从而慢慢减少不必要行为的出现。作为教师，要多关注依一的闪光点，及时给予表扬，肯定幼儿的良好行为，使幼儿逐渐获得认同和自信。

4. 注重培养幼儿的专注力。挖掘幼儿兴趣点，从幼儿感兴趣的活动入手，如完整讲述绘本的内容，听指令去完成任务，在规定的时间内完成拼图或者搭建任务等。户外活动鼓励幼儿完成有挑战性的活动，在运动中幼儿的专注力更容易集中不受干扰。

【家庭建议】

1. 在家中与父母建立规则意识，例如可以建立“家庭评比表”：自己的玩具自己收拾；自己的衣物自己叠；专注完成一件事等。给这些简单的生活问题建立规则，如果完成了，就在评比表上奖励小贴纸，并给予相应的鼓励，家园协作，也可以请老师为依一颁发小奖状。

2. 在生活中渗透一些我们要遵守的规则，例如：去超市的时候称重、结账需要排队；过马路要等红灯走斑马线；等等。鼓励孩子遵守规则，家长同时给予幼儿肯定。

3. 家长树立榜样作用。当幼儿对某件事感兴趣，正在全神贯注时，不要轻易打断，事后及时对幼儿能够认真完成一件事进行鼓励和表扬。家庭成员之间交流时有耐心，说话语速适宜，创设良好的家庭倾听氛围，有助于幼儿专注力的养成。

教师:邹雅文

爱聊天的沐子

——小班学习探究习惯培养案例

【故事回放】

情景一:

每天来园的时候,沐子都来得特别早,进班跟所有老师问好后,就拉着我开始聊天。

沐子:“王老师,我昨天和妈妈去吃好吃的了!”

老师:“你们吃了什么呢?”

沐子:“有薯条、汉堡,还有炸鸡。”

老师:“那它们好吃吗?”

沐子:“好吃。”

老师:“你为什么觉得它们好吃呢?”

沐子:“因为汉堡是肉和菜的味道,薯条是土豆的味道。”

老师:“听你这么说,我都想去尝尝啦。”

沐子:“那以后我让妈妈带着您一起去吃。”

情景二:

五一回来后,在过渡环节,我与孩子们开展了一次谈话活动。“五一你们都去哪里玩了?”大家纷纷表达着自己的游玩经历,此时沐子小朋友的话题引发了同伴们的积极关注。

沐子:“我和妈妈去游乐园了,那里有好多好多在天上飞的玩具。”

老师:“天上飞的玩具?”我有些疑惑。

这时,沐子边发出“呜”的声音,边用手模仿着过山车的样子。

老师:“是过山车吗?”

沐子:“对,就是那个,我可喜欢玩过山车了。”

婉莹:“我也去了,我玩了好多好多的玩具。”

沫沫:“我玩了海盗船。”

天天:“我玩了旋转木马。”

…………

老师:“你们觉得在游乐场玩的玩具和我们在幼儿园玩的玩具有什么不

一样吗?"

沐子:"游乐园是在机器上玩,幼儿园是在地上玩。"

老师:"游乐园的什么是在机器上玩的?"

沐子:"游乐园的玩具是在机器上玩的,幼儿园的玩具是在桌子上玩的。"

老师:"沐子小朋友这次说得又清晰又完整,非常棒,游乐园的这些玩具它们有一个大的名字叫游乐设施。"

沐子:"我去游乐园玩了很多游乐设施。"她听到后马上改正了自己的说法。

【现象分析】

1. 沐子是一个特别愿意主动和老师、同伴表达的小朋友。他经常愿意把自己生活的一些经历、趣事讲给他人听。对于表达内容描述不清楚的时候,能用动作或近似的语言辅助讲述。这是幼儿良好表达习惯的一种积极表现。

2. 小班幼儿在共同交谈的时候,能够通过老师的言语引导,学习完整且口齿清晰地表达自己想要描述的事情。并且在老师丰富幼儿词汇的时候,他们能够及时运用到自己的表达中。例如:沐子和婉莹在听到老师的语言描述后,能及时调整自己表达内容的完整性。当老师告知游乐园的机器叫游乐设施时,幼儿也及时纠正了自己的用词。

3. 沐子、婉莹、沫沫、天天等参与交谈的幼儿,他们对于老师的提问能够注意倾听并做出回应。这是幼儿学习习惯中良好倾听习惯向好发展的积极表现。

【教育策略】

1. 每周评选"乐说小达人",鼓励幼儿大声完整清晰地说话,愿意表达自己的所见所闻,遇到不会表述的词语时,引导幼儿配以手势动作进行讲解,教师再根据幼儿的动作,给予词语的提示,丰富幼儿的词汇量。

2. 教师通过交谈、讲故事、提问等方式示范引导。与幼儿谈话时,教师的语言要清楚、准确、语速适中,为幼儿起到示范作用。同时耐心倾听幼儿讲话,指导幼儿准确并清晰地说出来。

3. 建立每天阅读分享时间,教师带领幼儿共同说儿歌、颂童谣、讲故事、谈经历,逐渐丰富幼儿的词汇量和表达句式,使幼儿将掌握的语言、句式运用到生活中。

4. 在日常生活中,教师要随时关注并运用游戏培养幼儿有意识地养成良好的倾听习惯。比如游戏《小孩小孩真爱玩》《我的身体都会响》。

游戏玩法：

①《小孩小孩真爱玩》：开始游戏时，教师和幼儿一起念“小孩小孩真爱玩”，然后教师继续念“摸摸这儿，摸摸那儿，摸摸大树跑回来”。教师念完“来”时，幼儿向指定的大树跑去摸摸大树再跑回教师处。

②《我的身体都会响》：教师播放儿歌《我的身体都会响》，幼儿根据儿歌中的句子做相应的动作。

【家庭建议】

1. 建立家庭阅读时间。通过家长与幼儿共同阅读，丰富幼儿的词汇量和表达句式，助力幼儿在日常生活中语言表达能力和表达自信的发展。

2. 形成家庭成员的每日趣事分享时间。在共同分享彼此的一日经历中，家长要以身作则，认真倾听，不打断幼儿的讲述。锻炼幼儿的语言表达能力、倾听习惯以及谈话的回应，同时增进亲子互动以及情感的交流。

教师：王　京

不受“欢迎”的图书区

——中班学习探究习惯培养案例

【故事回放】

早餐结束了，幼儿自主选择活动区进行区域游戏，婷婷吃完饭后看了看选区情况，然后深深叹了一口气。我问她：“怎么了婷婷，为什么叹气呀？”她嘟着小嘴说：“其他的活动区都有小朋友，我只能去图书区了。”说完又叹了一口气。我说：“图书区也很有意思呀，咱们班的书你都看过吗？”她摇了摇头，就走了。

婷婷进入图书区后很快选一本书，坐在小桌子旁边一页一页开始阅读，两分钟后她去换书，又拿了一本《汤姆的生日》，没几分钟她又去换书，在换了四五次后，她就开始在图书区东张西望，我问她：“怎么不看书了？”“没意思。”她对我说着。我又问她：“那你想去哪个区玩？”她说：“除了图书区我都喜欢。”

【现象分析】

1. 在班里图书区的“热度”远不及其他区域，学前儿童由于年龄小，坐不住，都好动，阅读容易分心，不容易一个人坐下来安静地读书，要想让他单独而又安静地阅读一本书几乎不太现实。

2. 不情愿地进入图书区说明幼儿没有阅读愿望，为了看书而看书，只是想完成区域活动中图书区看书的任务，就草草地翻阅，自然无法达到阅读的目的。

3. 从频繁地换书行为可以看出，幼儿的阅读方法存在问题，不会观察画面，不理解画面内容，只能大致翻阅看个新鲜。

【教育策略】

培养学前儿童良好的阅读习惯关键是要激发他的阅读兴趣，让他从读书中找到乐趣，喜欢上读书。对于幼儿而言，能够从小体味到阅读的快乐将终身受益，但兴趣是需要培养的，是通过合理的方法和措施激发出来的，不是强迫灌输的。

1. 带着问题去阅读。在幼儿选择进入图书区阅读时，教师可以先与幼儿进行交流，询问今天阅读哪方面的内容，结合幼儿阅读意愿，教师给幼儿预设问题，幼儿可以带着教师的问题通过阅读去寻找答案，减少阅读时的盲目性。

2. 开展阅读后的分享。在幼儿阅读后，可以安排幼儿与同伴进行书籍分享：这本书的内容是什么，我最喜欢其中哪个部分，我最喜欢故事中的哪个人物等，通过与同伴的经验分享增强阅读的兴趣。

3. 帮助幼儿掌握阅读的基本方法和技巧。首先要学习按照页码顺序看书，每一页的画面要从左到右、从上到下地观察，让幼儿能够感受故事是由一个画面一个画面连接组成的，这样才能知道故事的内容。

4. 帮助幼儿提升理解力。指导幼儿学会观察每幅画面上人物、动物的关系，理解前后画面的内容。

【家庭建议】

1. 家长的行为和习惯会潜移默化地影响着幼儿，在家里，父母要减少手机、电视的使用频率，做到经常看看书，在孩子面前拿起书本阅读，甚至鼓励他们将书本当作玩具或朋友，在父母的行为影响下，幼儿也会学着大人的样子，拿起书来看，日复一日，幼儿就慢慢地喜欢上了看书，从而引起阅读的兴趣。

2. 坚持每日亲子阅读。在亲子阅读过程中，家长起到的不仅是监督作用，更是主导作用。通过共同阅读，家长与儿童之间要对阅读内容达成共识，通过书本内容的交流，教会孩子做人的道理，并增进彼此的情感。

3. 在图书的选择上，家长要尽量选择内容和形式符合幼儿年龄阶段的读物。首先，在内容上要尽量选择那些带有“正能量”的简单故事。其次，父母到书店购买或者是到图书馆挑选图书时要考虑到儿童年龄的变化，并且每隔一段时间要更新家里书架上的图书，一成不变的、单调的儿童读物会使得幼儿逐渐失去阅读的兴趣。

4. 带幼儿参观图书馆，感受阅读过程中安静的氛围，了解图书借阅的方法，激发幼儿阅读的兴趣。

教师：马　健

我是小小读书家

——中班学习探究习惯培养案例

【故事回放】

近期我们班正在开展小小读书家的活动，每到餐前阅读的时间孩子们都会争先恐后分享自己阅读的图画书，今天也不例外，依依小朋友和大家分享了他阅读的《花婆婆》的故事，于是小朋友们就开始了他们的讨论。子轩拉着依依说："这个故事很棒啊，我也好想看看鲁冰花长什么样子。"依依回答："是啊，老师说花婆婆从小跟着她的爷爷一起生活，长大了以后去了很多地方，心里还一直想着做美好的事，我也要像她那样。"后来子墨也加入了讨论中："但是什么才算美好的事呢?"子轩说："我觉得美好的事就是可以让别人开心，你看'花婆婆'种花，大家都觉得很漂亮，自然也就开心了。"依依说："那如果我帮妈妈洗碗，妈妈会不会很开心呢?"子墨说："你这个太没劲了，我长大以后要发明彻底治好癌症的药，这才是最美好的事呢。"听着孩子们你一言我一语的讨论，从花婆婆的故事延伸到了怎么样让世界变得更加美好，我感受到了阅读为孩子们带来的巨大价值。

【现象分析】

1. "小小读书家"这个活动掀起了幼儿阅读的热情，在每天的阅读分享活动当中，他们愿意并主动分享自己阅读的图画书内容，并且还开起了阅读后的交流与探讨活动。

2. 在本次的《花婆婆》阅读分享活动中，我感受到了在不断的阅读积累中，幼儿运用哲学的思维，在交流与探讨着故事的内容，展望着心中认为最美好的事。比如子墨说什么才算美好的事，其他幼儿也用自己的语言表达了他们认为最美好的事情，体现出了孩子们对生活积极美好的心灵状态。

3. 幼儿在阅读、表达、交流的过程中，不断地积累了词汇量，对故事内容的认知逐渐有了自己的感受与见解，对读书的兴趣越来越浓厚了。每次的阅读分享后，孩子们都会产生继续读书和读什么书的想法。当在分享后得到一个小小读书家的奖章，他们便会多一份阅读与表达的自信。阅读活动便悄然而持续地开展下去了。

【教育策略】

1. 为幼儿提供读书机会。建立幼儿园读书常态化活动，利用区角阅读活动、晨间阅读、餐前阅读等多种形式给幼儿提供阅读的时间。使良好的阅读习惯逐渐成为幼儿生活游戏和学习中不可分割的一部分。

2. 为幼儿提供阅读分享机会。通过多种形式支持幼儿将阅读经验表现出来。比如开展自制图画书、讲故事、演故事、续编故事、词语大会、读书节、读书小明星评选等丰富的活动，充分展现幼儿积累的阅读知识和经验，传递阅读的收获与快乐。逐渐养成幼儿爱读书、会读书、读好书的良好习惯。

3. 让幼儿掌握读书技巧。有目的有计划地带领幼儿进行读书交流活动，引导幼儿学会观察图画书的关键信息，建立画面之间的联系，从而读懂图画书的内容。

【家庭建议】

1. 定期开展家庭亲子阅读指导讲座，帮助家长了解阅读的重要性以及掌握培养幼儿阅读习惯的好方法，助力家园教育行动的一致性。

2. 多途径多角度开展小家庭爱读书、家庭阅读经验分享沙龙，家长们共享阅读习惯培养的各种经验，建立家长网格化沟通模式，丰富亲子阅读经验。

3. 建立多种形式的家庭阅读模式。利用"睡前阅读 10 分钟""家庭书屋""家庭成员阅读接力"等活动，充分调动每一位家庭成员的阅读行动，建立"书香家庭"的阅读氛围，让读书成为家庭不可分割的一部分。

教师：张志伟

图书角的故事

——大班学习探究习惯培养案例

【故事回放】

区域活动时间到了，孩子们根据自己的喜好选择不同的区域进行游戏。今天的图书区异常安静，原来没有小朋友选择这个区域。于是，我找来柜子里的一本新书，说道："今天有新的绘本，谁愿意来分享故事呢？"话音刚落，北北赶忙举起手说："老师，我去吧。"不一会儿，陆陆续续有三名小朋友被吸引到了图书区。

区域活动开始了，北北和几位小朋友一起阅读，他们围在一起翻阅起来，有的页面甚至没有仔细观看便直接被翻了过去。"小帅，你慢点翻，我还没看完呢!”俊俊着急地说。不一会儿他们就将新书翻阅完毕,见状我赶忙走过来,说:“孩子们你们在书里看到了什么故事？一会儿给大家进行分享吧,翻阅的时候慢一点,不然就会漏掉精彩的内容。”孩子们听完又开始翻阅起来。

在区域活动进行到一半的时候,我听到图书区里非常“热闹”,走近一看他们正在玩“石头剪刀布”的游戏,看到我过来后,北北抬起头说:“老师,我们看完书了,不想再看了,就玩石头剪刀布的游戏看谁能赢。”

【现象分析】

1. 投放图书的问题。投放书的过程中,发现幼儿的兴趣已经不高了,没有及时地调整更换,材料也比较单一,所以幼儿失去了阅读的兴趣,导致在区域选择的时候没有小朋友愿意去。

2. 缺少游戏材料。幼儿在图书角只有一些图书、卡片、字卡,没有可以提供幼儿在游戏学习中的材料,使幼儿无法在玩中学,学中乐。

3. 区域位置、环境不好。班级中图书角在一个小角落里,相对安静,孩子在里面不放松,空间有点小,只有一组书架供幼儿阅读,未给幼儿提供舒适的阅读环境。

4. 老师指导的问题。老师把精力留在了其他的区域,对于图书角关注程度不够,老师缺少自身指导的方法,在指导介入时方法不当。

5. 没有掌握基本的阅读方法。在看图书时,只是草草地看了看图片,快速地翻阅,并没有认真地观察,理解故事的内容。

【教育策略】

1. 图书的投放我们要做到定期更换,符合大班幼儿年龄特点,提供富有童趣的图画书和多种体裁的儿童文学作品等,让幼儿有新鲜感,让他们总能在图书区找到一些没有看过的新书。

2. 丰富游戏材料,制作故事盘、看图讲述、识字摸箱等游戏,调动幼儿的兴趣。

3. 为幼儿创设安静适宜的环境,开展多种形式阅读。

(1)在图书区地面上铺上地垫,幼儿可以席地而坐,一起讲、一起看、一起说。

(2)制作故事背景墙,贴在低矮的墙面上,幼儿可以坐在那里取指偶或木偶进行表演。

4. 教师加强指导,避免同伴干扰。当幼儿不知道该看什么书、如何看书时,教师应该及时提供帮助;当图书区出现幼儿干扰同伴自主阅读现象时,教师应及时发现、制止他们的行为,并引导幼儿继续自主阅读。

5. 通过儿歌、故事情节创设,帮助幼儿掌握正确的阅读方法,学会按照页码顺序看书，每页的画面要从左到右、从上到下地观察，这样才能理解故事的内容。

【家庭建议】

1. 家长定期购买符合幼儿年龄特点的各类书籍，在家庭中建立亲子阅读时间，鼓励幼儿清楚伶俐地讲述观看的内容，并发表自己对书籍内容的看法，激发幼儿的阅读兴趣和语言表达能力。

2. 家长以身作则，树立良好的榜样作用，与幼儿共同制订阅读计划，例如每天看10页书，到每天看20页，带动幼儿逐渐养成自主阅读的习惯。

3. 家长可以带领幼儿尝试自制图书，利用绘画、粘贴、拍照等方式，记录幼儿身边熟悉的事物，提升幼儿观察与记录的能力。

4. 周末带幼儿多去绘本馆、观看木偶剧等语言类的活动项目，拓宽幼儿的思维和视野，逐渐培养幼儿自主阅读的能力。

教师：李相池

沉浮中的“秘密”

——中班学习探究习惯培养案例

【故事回放】

在一次科学教育活动中，孩子们对沉浮实验非常感兴趣，于是我将实验的相关材料投放到区域游戏当中。区域活动时间到了，卓卓、硕硕、豆豆来到科学区，他们用盆子打好水准备开始操作。

硕硕说：“老师，这个实验太简单了，我早就会了。”豆豆和卓卓也连忙说：“就是，就是，我们也会。”

“哇，这么厉害呀，那你们能把浮在水面的东西沉下去，把会沉下去的东西浮上来吗？”

孩子们一听，全部惊讶地张大嘴巴：“啊？还可以这样呀！”

“当然可以，就看你们能不能想出办法喽！老师相信你们一定能行的。”

豆豆没等我说完已经开始操作，拿了乒乓球，又找来铁盒，把乒乓球放进盒子里装满水，盖了起来放进水里，果然铁盒沉下去了。他又找了个弹珠，放在塑料盒里，这样弹珠就不会沉下去了。

一旁的硕硕拿着超轻黏土在手里捏成一个圆球放进水里立刻沉下去了。其他小朋友便安慰硕硕别气馁。于是硕硕便继续尝试，卓卓也帮着硕硕一起想办法，他们捏出各种形状，还把超轻黏土也像豆豆一样放在铁盒里，可是结果都是沉到盆底。尝试了多次后我观察到孩子们的情绪有些低落，没有了耐心，眼神慢慢地看向别的玩具。突然豆豆像是想到了什么一样把超轻黏土揉成长条放在水盆中，神奇的是这次并没有下沉。孩子们看到后开心极了。

"还有没有别的方法呢？"我鼓励孩子们大胆尝试探究更多的方法。

硕硕尝试把手中的黏土压扁后小心地放到盆中，只见黏土稳稳地浮在水面上，硕硕开心地笑了。

"咦？为什么都是超轻黏土，有的会沉下去，有的却浮在水面上呢？"我提出了新的问题，

"因为它们的形状不一样，长的和扁的就能浮起来。"豆豆认真地说。

"还有哪些形状也可以浮起来呢？为什么把黏土变成这些形状就可以浮起来？"对于孩子们的实验结果我提出了更有难度的目标，激发幼儿继续探究物体形状与沉浮之间的关系。

卓卓说："那我们再试一试吧，可以把这些都记录在纸上。"

说完孩子们又开始认真地继续操作起来。

【现象分析】

1. 中班幼儿探索性能力有了很大提高，对于生活和学习中发现的一些现象，乐于提出自己的问题和想法，幼儿更喜欢在这种亲身感知和直接操作中获得一定的科学经验。

2. 中班幼儿处在半自主探究的阶段，需要在老师的引导下开展探究活动，初步寻找实验的答案。

3. 小实验给了更多的孩子亲身感知、动手操作的机会，激发探索愿望。

4. 孩子对一些材料还缺乏认识和了解，另外在过程中，老师还可以去发现一些激发点，维持他们的探索兴趣和行动。

【教育策略】

1. 在科学探索之后，教师应鼓励幼儿表达自己在科学探究过程中的感受和发现，不仅能加深幼儿对科学的理解，也能使幼儿体验探究的乐趣和成功的喜悦，并与同伴交流，培养合作和分享的品质。

2. 教师要为幼儿探索的顺利开展提供支持和帮助，保证他们的探索行动不偏离方向。让幼儿主动探索，不是幼儿想要什么就给什么，想干什么就干什么，幼儿的探究是在教师引领下的探究。

3. 幼儿操作时，教师及时引导幼儿观察每个物体探究的方法，确保了幼儿探究活动的方向性。

4. 教师也不能因为幼儿年龄小而让幼儿采取模仿式、指令性的操作，从而剥夺幼儿主动探索的机会。只要幼儿明确了操作目标和要求，就可以放

手让幼儿去摆弄材料,即使出错也没关系,最重要的是幼儿获取知识过程的体验。

【家庭建议】

1. 为幼儿订购科普类的图书,经常带幼儿去博物馆、展览馆等场所,激发幼儿探索的兴趣和探究的能力,喜欢观察生活中有趣的现象,鼓励幼儿大胆表达自己的看法。

2. 幼儿对生活中的现象感兴趣时,家长能耐心倾听幼儿提出的问题,当需要动手操作或实验时,家长能够一起参与,提供材料等支持,并与幼儿一起尝试不同方法寻找答案。

教师:邱　梦

沙池里的"动物园"

——中班学习探究习惯培养案例

【故事回放】

幼儿园户外场地有一个沙池,配备了丰富的玩沙工具,每到夏天,孩子们都很非常喜欢到这个区域,利用各种工具去探索新玩法、新发现。我在观察中听到孩子们讨论要给动物搭建美丽的家园,有围场、花园、小河等,搭建过程中我看到孩子们配合很默契,然而在玩中出现了一个问题,孩子们想挖山洞,但是沙土却一直往下滑落,于是向我求助。

"沙子总是往下掉,你们有什么好办法可以让沙子不掉落吗?"轩轩说:"干沙子很柔软,所以沙土会往下落,湿沙子可以捏成球就不会往下落了。"这时和他在同一个小组的小朋友把一些水倒在周围,孩子们开始拿着自己的工具挖起了山洞。轩轩快挖好了,他发现两边沙坑里水渗透的速度不一样,轩轩那边的水很快就渗下去了,而身边小朋友沙坑周围还有很多水。于是,轩轩又提了一桶水倒在了自己挖的山洞周围,开始继续尝试挖山洞。在欢快的游戏中,孩子们分工合作,有的小朋友挖出一个大山洞,有的小朋友挖出了小山洞,有的小朋友拿着小铲子开始挖沙,有的拿着大铲子寻宝,有的拿着各种模具开始做沙雕,有的小朋友拿着水桶玩起了各种水的实验,经过多次尝试后小动物的家终于搭建完成,孩子们开心地把我叫到他们身边,开始给我讲述他们的想法,为什么要这样搭建等。并且在讲述完之后,我们还一起观察水的流动,他们发现挖的道路粗细与坡度也会影响水流的快慢。

【现象分析】

1. 幼儿在生活中积累的经验将情景迁移到游戏中,体验利用沙泥堆建“道路”“房子”“花园”“小河”“山坡”的乐趣。

2. 活动中通过铲、堆、拍、运等,不仅提高了他们的动手能力,而且还能激发他们的想象力、创造力,增进他们的合作意识。

3. 游戏中幼儿也探索出了沙子的科学特性(干沙、湿沙吸水性),激发他们主动学习'探索的积极性,满足了孩子的发展需求。

4. 幼儿遇到困难时能够求助成人,通过观察发现水可以改变沙子的形态,与同伴合作,反复尝试等。

【教育策略】

1. 创设轻松愉快的环境,让孩子们先玩起来,而教师在一旁观摩,使孩子们在得到足够重视的条件下自主游戏。随时关注幼儿的状态,发现能够促进幼儿发展的亮点。

2. 教师可以通过观察,发现可以进行教育教学的切入点。比如在沙泥活动中孩子们自己探索和发现沙子的特征,教师可以介入拓展幼儿的游戏向下一个阶段发展。在游戏中幼儿之间发生了争执违反游戏规则,教师的介入可以从问题出发,解决冲突。在个别幼儿单独进行游戏时,教师需要以一个伙伴的身份介入,将这些活动联系起来,启发幼儿都为建造动物园帮忙,将幼儿的单独游戏转化为集体游戏。

3. 在游戏中,教师要多给孩子探索的机会,支持和鼓励幼儿按自己喜欢的方式玩,玩什么、怎么玩,将主动权给孩子,及时肯定幼儿的表现。

4. 在拓展环节中结合美工区域,可以让孩子制作小船等海上交通工具(材质为木棒,KT 板,塑料盒等废旧材料),让幼儿尝试探索纸船游戏,提供沙子和托盘可以进行沙画游戏,结合科学区探索沙子的吸水性特征。结合建筑区掌握建构游戏的搭建。

【家庭建议】

1. 建立亲子游戏计划时间表,和孩子培养亲子之间的情感,多提供探索尝试的机会,在游戏中尽量以平等的身份参与他们的探索活动。

2. 在与孩子一起探索时,要明确地告诉孩子们,哪些地方做得好,发现可以挖掘的生活经验,及时鼓励孩子,能够和孩子共同梳理收获。

3. 在与幼儿进行活动时,可以用图文、视频的方式做好记录,记录每次发现的奥秘,探索的问题。

4. 家中为幼儿订购科普类的图书,经常带幼儿参观博物馆、科技馆等场所,以多种形式支持幼儿深入探究学习。

教师:高　宇

两份天气预报引起的“争执”

——大班学习探究习惯培养案例

【故事回放】

自从升入大班以后,每天早晨来园,班里的天气预报台都是最热闹的一角。孩子们会将自己通过各种途径获取的天气情况、气温等进行记录、统计。

这天,小泽和娜娜都带来了自己从家中记录的天气预报,当大家分享当天的气温时,出现了不一样的最高温度。小泽说今天是25 ℃,娜娜却说今天是27 ℃。

“咦! 怎么都是气象台发布的天气预报,却有两个温度呢?”孩子们提出了疑问。“我的是对的,这是昨天晚上我看电视上预报的,绝对不会错的。”小泽说道。娜娜马上反驳:“我的也是对的,我是今天早上来幼儿园时在爸爸车上听广播预报的,也不会错的。”两个孩子争论起来,互不相让。

原来两个孩子听天气预报的时间不一样。找到了原因后,我组织孩子们讨论:“到底应该用谁记录的温度呢?”孩子们经过我这么一问也犯了难,一下子没了主意。有的孩子说:“我觉得都能用,都应该是对的。”这时马上有人反击:“两个温度怎么记呀? 只能记一个。”我引导孩子们:“你们说昨天晚上和今天早上预报的天气都是什么时候测量出来的呢?”孩子们想了想说:“昨天晚上的肯定是昨天测的了,今天早上的也许是昨天晚上测的也许是今天早上测的。”这时娜娜又说话了:“不对,今天早上的天气是今天早上测的,预报员阿姨说是今天早晨六点发布的天气预报。”“那你们说咱们用他们两个谁的天气预报呢?”我又问道。“用娜娜的,用娜娜的。”“今天的气温当然今天测的准确。”最后,大家都同意用娜娜的。

我没有马上肯定孩子们的决定,而是引导孩子们思考温度是怎样测量出来的,使用什么工具才能测量温度? 雨晨兴冲冲地说:“我知道,温度是用温度表测量出来的。我发烧的时候,妈妈就用体温表给我测烧到多少度了,妈妈告诉我,还有一种温度表跟体温表不一样,里面的水是红色的,是专门测量温度的。”子轩说道:“老师,咱们班就有这种温度表,就在自然角的墙上。”“老师,那咱们也测量一下吧,看看跟气象台预报的到底一样不一样。”孩子们的兴趣马上又被调动起来了。

孩子们经过讨论,最后决定以红线的最高处为准,数出旁边格子的具体数字就应该是测量的度数了。我对他们的讨论结果给与了肯定,孩子们高兴极了，和我一起数出了当天的温度。问题又来了，我们测量的跟娜娜和小泽记录的都不一样，是23 ℃。怎么办呢？经过讨论，孩子们决定在天气预报台里记录自己测量的温度。

【现象分析】

1. 幼儿热衷于分享和讨论自己的发现，对新发现感到兴奋、充满好奇，探究欲望也不断增强。

2. 幼儿在讨论过程中，能坚持自己正确的观点，并且大胆表达自己的想法和意见，不仅能够倾听、接受别人的意见，还能够在不接受时说出自己的理由，最终一起讨论决定，已经基本具备了协商解决的能力。

3. 大班幼儿已经能够较熟练地使用一些测量工具，并使用工具进行探究验证，在验证的过程中获得了成功的体验。

【教育策略】

1. 抓住教育契机，适时介入幼儿活动，引导幼儿深入思考，给幼儿思考和探究的空间和时间，对自己的发现进行探究。

2. 通过组织幼儿讨论，引发幼儿的发散思维，发现两份天气预报气温的不同并找到原因，将决定权交给幼儿，给幼儿信任和支持。

3. 通过提问等方式引导幼儿思考，鼓励幼儿一起制订探究方案，用自己的方式记录观察的过程和结果，并与同伴分享。

4. 为幼儿提供温度计等操作材料，支持幼儿用自己的方式进行测量。

【家庭建议】

1. 基于幼儿喜欢探究，对自己的发现感到幸福和满足的天性，成人要给幼儿探究的空间和时间，不要过渡干预幼儿的探究过程，急于给出幼儿探究的答案。

2. 容忍幼儿因探究而弄脏、弄乱、弄坏一些物品的行为，只要幼儿的理由是正当的，都应该给予支持，在探究后可以引导幼儿收拾整理干净。

3. 认真对待幼儿的问题，多为幼儿提供可操作的探究工具，在保证安全的前提下，与幼儿一起研究、调查或做一些小实验，解答幼儿疑问。

4. 与幼儿一起阅读相关书籍或通过网络查找答案，帮助幼儿掌握解答疑问的多种途径。

5. 拓展幼儿的已有经验，在生活中继续观察天气、气温的变化与四季和每天各时间段的联系，引发幼儿更多的探究行为。

教师：王　洋